ORIENTAÇÃO PROFISSIONAL

Dados Internacionais de Catalogação na Publicação (CIP)
(Câmara Brasileira do Livro, SP, Brasil)

Camargo, Lucila
  Orientação profissional : uma experiência psicodramática / Lucila Camargo. – São Paulo : Ágora, 2006.

  Bibliografia.
  ISBN 85-7183-015-0

  1. Carreira profissional – Desenvolvimento 2. Mercado de trabalho 3. Orientação vocacional 4. Psicodrama 5. Sucesso profissional I. Título

06-3302   CDD-158.6

Índice para catálogo sistemático:

1. Orientação vocacional : Psicodrama :
   Psicologia aplicada   158.6

Compre em lugar de fotocopiar.
Cada real que você dá por um livro recompensa seus autores
e os convida a produzir mais sobre o tema;
incentiva seus editores a encomendar, traduzir e publicar
outras obras sobre o assunto;
e paga aos livreiros por estocar e levar até você livros
para a sua informação e o seu entretenimento.
Cada real que você dá pela fotocópia não autorizada de um livro
financia o crime
e ajuda a matar a produção intelectual de seu país.

Lucila Camargo

ORIENTAÇÃO PROFISSIONAL

Uma experiência psicodramática

EDITORA
ÁGORA

ORIENTAÇÃO PROFISSIONAL
Uma experiência psicodramática
Copyright © 2006 by Lucila Camargo
Direitos desta edição reservados por Summus Editorial

Editora executiva: **Soraia Bini Cury**
Assistente de produção: **Claudia Agnelli**
Capa: **Daniel Rampazzo/Casa de Idéias**
Coordenação editorial: **Miró Editorial**
Preparação: **Cid Camargo**
Revisão: **Maria Aiko Nishijima, Renata Del Nero, Claudia Levy**
Projeto gráfico e diagramação: **Crayon Editorial**
Fotolitos: **Casa de Tipos**

Editora Ágora
Departamento editorial:
Rua Itapicuru, 613 – 7º andar
05006-000 – São Paulo – SP
Fone: (11) 3872-3322
Fax: (11) 3872-7476
http://www.editoraagora.com.br
e-mail: agora@editoraagora.com.br

Atendimento ao consumidor:
Summus Editorial
Fone: (11) 3865-9890

Vendas por atacado:
Fone: (11) 3873-8638
Fax: (11) 3873-7085
e-mail: vendas@summus.com.br

Impresso no Brasil

Aos meus filhos
Maria Rita, Guilherme, Ana Luisa e João Pedro.

GRATIDÃO

Aos professores e colegas do Departamento de Psicodrama do Instituto Sedes Sapientiae, por contribuírem para que eu, jornalista-educadora, me tornasse uma psicodramatista apaixonada pela obra de Jacob Levy Moreno.

Aos psicodramatistas Rosane Rodrigues, companheira em várias jornadas e em vários papéis, pela confiança, incentivo e orientação; Cida Davoli, que me socorreu nas dúvidas teóricas; José Roberto Wolff, meu paciente orientador; e Pierre Weil, que me despertou para a arte de viver em plenitude.

À jornalista Judith Patarra, amiga e exemplo profissional, com quem aprendi a cuidar bem de um texto.

Ao psicólogo Klécius Borges, amigo e conselheiro de todas as horas, presença instigante que provoca em mim o desejo de ser uma profissional cada vez melhor.

Aos jovens que passaram pelos meus Programas de Orientação Profissional e me estimularam a usar espontaneidade e criatividade diante do imprevisível.

Ao Grupo de Leitura, pela sustentação contínua.

À Maria Rita e Helena, pelos cuidados e carinhos.

SUMÁRIO

Prefácio 13

Introdução 19
Quem é ele? 20
Este livro 22
O resultado está aqui 23

CAPÍTULO 1: Orientação profissional na era da globalização 25
Viver é escolher 27

CAPÍTULO 2: A teoria por trás da prática 31
Espontaneidade e criatividade 31
Formação da identidade 32
A teoria dos papéis 37
Fases do desenvolvimento dos papéis 39
Jogo de papéis e jogos dramáticos 40
Psicodrama interno e visualização 43
As etapas de um psicodrama – A importância
do aquecimento 45

CAPÍTULO 3: Os recursos que facilitam a prática 49
Percepção corporal 50
Percepção corporal respiratória 53
Percepção corporal interna 55
Percepção corporal externa 56
Percepção espacial 58
Percepção temporal 60
Autopercepção e reconhecimento do eu 61

CAPÍTULO 4: Reflexões para um planejamento – o Plano POP 63

Público-alvo 64

Cenário 65

Visão do orientador 66

Missão do orientador 67

Objetivos 67

Metodologia 68

Material necessário 68

Temas 69

CAPÍTULO 5: Construção de um Plano POP 71

Público-alvo 71

Cenário 71

Visão do orientador 72

Missão do orientador 72

Objetivos 72

Metodologia 72

Material necessário básico 73

Material necessário intermediário 73

Temas escolhidos para as oficinas 74

CAPÍTULO 6: Detalhando o Plano POP 75

1ª Oficina: O reconhecimento do eu e do outro – Respeito às diferenças 75

2ª Oficina: Vida em sociedade – Trabalho e lazer 80

3ª Oficina: Todos nós somos comunicadores 82

4ª Oficina: Viver é escolher 84

5ª Oficina: O que eu quero ser 85

6ª Oficina: Vencendo limites 86

7ª Oficina: Como chegar lá 87

8ª Oficina: O que ficou de tudo isso 89

CAPÍTULO 7: A realidade de um projeto executado 95
1ª Oficina: Quem sou eu? 95
2ª Oficina: Vida em sociedade – Trabalho e lazer 102
3ª Oficina: Viver é escolher 105
4ª Oficina: Todos nós somos comunicadores 110
5ª Oficina: O que eu quero ser 113
6ª Oficina: Vencendo limites 120
7ª Oficina: Como chegar lá 121
8ª Oficina: Avaliação 128

CAPÍTULO 8: Comentários 135
Retomada de referência: Parsons – Bohoslavsky – Moreno 135
As expectativas e os fatos – Adaptações 138
O grupo antes do POP 139
Avaliação final – Depoimentos dos jovens 141

Bibliografia 147

PREFÁCIO

A FIGURA ÍMPAR de Lucila Camargo, jornalista, psicodramatista, editora-chefe, mãe e grande amiga de seus amigos, confere a esta orientadora profissional/autora grande maturidade e versatilidade. Ela alia ousadia, seriedade e alegria num trabalho especialmente criativo e eficiente.

O livro nasceu *in loco* acadêmico e, aos poucos, transformou-se em um método para intervenção com jovens: o POP. O exemplo prático mencionado pela autora foi conduzido com sensibilidade, flexibilidade para adaptações ao grupo, criatividade, muito carinho e paixão pelo trabalho que estava coordenando. Sei também de seu empenho, pois, na época desta pesquisa, estávamos muito próximas, tanto profissional quanto afetivamente.

O orientador profissional, certamente, se beneficiará em conhecer esta trajetória, e, mais ainda, um aluno de psicodrama ou um psicodramatista que percorra tal trajetória. Os profissionais da área poderão, certamente, usufruir de todos os detalhes, que foram cuidadosamente anotados e transcritos.

Tanto a teoria sobre o tema quanto a prática com adolescentes mostram que essa fase é marcada por sonhos ambiciosos e que, aparentemente, não podem se realizar. No início dos anos 1980, quando estagiei no setor de orientação profissional da USP, ouvi muitos adolescentes que queriam ser astronautas, agentes secretos e cientistas que descobririam a cura do câncer. Esses sonhos representavam a propulsão para mudar o mundo, além de denunciarem a enorme energia para realizar tarefas difíceis, própria do organismo jovem.

Atualmente, o tipo de idealização dos jovens se transformou, como a autora bem ressalta nesta obra; hoje, deseja-se galgar o degrau da fama em um *reality show* ou ficar rico rapidamente. Mas as características do que é fantástico e imediato se mantiveram, assim como a energia invejável para realizações. A diferença é que o mundo inteiro hoje é mais imediatista. A rapidez do cotidiano impõe um exercício constante de escolhas tão rápidas quanto paralisantes. Um jovem pode ocupar um cargo de chefia, com grandes poderes, mesmo sem ter muita maturidade, basta ter um bom *coach* (termo organizacional usado para qualificar pessoas que possuam a capacidade de orientar outras, principalmente as mais jovens, em seus exercícios profissionais; nessas pessoas, sobra preparo técnico e faltam vivência e habilidade de trabalhar em equipe). Portanto, o improvável não é impossível, a não ser para alguns excluídos, mas isso é outro assunto...

Os jovens da pesquisa da autora transformaram seus sonhos em possibilidades, e isso ainda torna-se mais importante quando se pensa que eles seriam prováveis excluídos. A autora conseguiu, por meio de uma belíssima pesquisa da realidade dos adolescentes e de seus pais e, também, por uma iniciação potente de autoconhecimento, gerar maturidade e autonomia em relação ao que o dia-a-dia poderia ter castrado. Um trabalho, portanto, de prevenção na educação e de ação na política, tão necessário neste mundo globalizado.

A autora dá aos jovens, com seu método, a possibilidade de sonharem e seguirem com mais firmeza suas intuições, suas idéias e seus talentos. Eles passam a ter munição para brigarem pelo que querem, de forma mais realista. A espontaneidade que esses jovens têm fará o serviço de adequação, no sentido mais saudável do termo, ou seja, de desenvolver neles o senso de oportunidade, pois somente o sonho sem percepção da realidade poderia deixar uma sensação de fracasso.

Orientação profissional

Acho que o método e sua aplicação prática são preventivos, e desejo que as escolas, de forma geral, inspirem-se neste encontro, que aqui é relatado, e promovam outros para adolescentes, em qualquer nível socioeconômico.

ROSANE RODRIGUES
Psicóloga, psicodramatista didata do Departamento
de Psicodrama do Instituto Sedes Sapientiae.

"É importante ter um diploma na parede,
mas o mais importante é o que você realmente
extrai de sua formação, independentemente
do que você tenha sido obrigado a fazer."

PAULO CARUSO
Arquiteto diplomado pela USP. Músico e cartunista
por conta do bom uso que fez de sua formação.

INTRODUÇÃO

Aos 50 ANOS eu mudei o rumo da minha carreira profissional. Porém, não foi em um passe de mágica. Sempre acreditei no aprendizado e me apliquei em aprender – de tudo um pouco – continuamente. Por isso, depois de ter me dedicado ao jornalismo durante trinta anos, dos quais quinze foram em contato direto com estudantes adolescentes, concluí uma especialização em psicodrama com foco socioeducacional e ousei assumir um novo papel: o de orientadora profissional.

Também isso não ocorreu por meio de uma fórmula mágica. Tive de vivenciar todos os momentos da teoria dos papéis moreniana, passando pelas três fases necessárias ao desenvolvimento de um papel social, segundo o psiquiatra romeno Jacob Levy Moreno, criador do psicodrama.

Como aluna em formação, experimentei o *role-taking*. Por conta da disciplina de supervisão, eu colocava em prática, no estágio com um grupo de estudantes, o que eu aprendia sobre psicodrama e o que lia sobre o papel do orientador profissional, enquanto tentava incorporar e internalizar modelos de direção até então vistos, conhecidos e estudados.

Por conta da disciplina de supervisão, eu reproduzia, no estágio com um grupo de estudantes, o que eu aprendia sobre psicodrama e o que lia sobre o papel do orientador profissional, enquanto tentava incorporar e internalizar modelos de direção até então vistos, conhecidos e estudados.

Por fim, aventurei-me no *role-creating* e assumi a responsabilidade de criar, projetar e executar programas de orientação profissional para pequenos ou grandes grupos, pesquisando novas informações, produzindo novos jogos dramáticos, adaptando técnicas históricas de acordo com os dados da realidade que eu encontrava em cada turma.

Antes, durante e depois do curso de formação em psicodrama, fui leitora atenta de teorias específicas para orientação profissional e busquei respaldo nos ensinamentos de Rodolfo Bohoslavsky, Maria Luiza Camargos Torres, Dulce Whitaker, Edite Krawulski, Rosane Schotgues Levenfus, Dulce Helena Penna Soares e Gisela Maria Pires Castanho.

Mas, sem dúvida, hoje penso que sem o referencial teórico do psicodrama provavelmente não teria investido neste novo papel de orientadora profissional. Moreno foi o responsável pelo desafio de que, com o uso da espontaneidade e criatividade, eu poderia dar um novo rumo profissional à minha vida. Eu acreditei.

QUEM É ELE?

Jacob Levy Moreno é o criador do psicodrama, da sociometria[1] e da psicoterapia de grupo. Nascido na Romênia, em 1889, foi muito cedo para a Áustria com a família, onde tornou-se médico psiquiatra e começou os primeiros ensaios do que viria ser o psicodrama: nos parques de Viena, costumava reunir crianças e formar grupos para brincadeiras de improvisação. Queria dar a elas a capacidade de "lutar pela espontaneidade e criatividade, contra os estereótipos sociais", como afirma em sua autobiografia[2].

---

[1] Sociometria é o sistema criado por J. L. Moreno que mede as relações interpessoais por meio da identificação espontânea de seus pólos de atração, rejeição ou indiferença.

[2] Luiz Cuschnir, *J. L. Moreno: autobiografia*, p. 51.

Em 1914, com aproximadamente 20 anos, escreveu um poema no qual já configurava, de certa forma, o que viria a ser a base de sua teoria. Trata-se de "Convite para um encontro", no qual exaltava a importância de se sentir presente, de atuar no "aqui-agora" e de se colocar no lugar do outro, invertendo papéis – princípio do que ele chamaria, mais tarde, de teatro terapêutico. Diz, em parte, o poema[3]:

Um encontro de dois: olhos nos olhos, face a face.
E quando estiveres perto, arrancarei teus olhos
E os colocarei no lugar dos meus;
E arrancarei os meus olhos
Para colocá-los no lugar dos teus
Então ver-te-ei com os teus olhos
E tu me verás com os meus.
Assim, até a coisa comum serve ao silêncio
E o nosso encontro permanecerá a meta sem cadeias:
Um lugar indeterminado, num tempo indeterminado
Uma palavra indeterminada para um homem indeterminado.

Aos 32 anos, ele já havia sistematizado os vários recursos técnicos que empregava no que chamou de teatro espontâneo e, com a observação do uso da técnica de inversão de papéis, descobriu a função terapêutica das dramatizações. Era 1921, e estava pronto o suporte teórico do psicodrama – uma metodologia científica de investigação e intervenção nas relações interpessoais ou grupais que se utiliza de recursos cênicos e dramáticos.

---

[3] Parte do poema "Divisa", traduzido de "Einladung zu einer begegnung", por J. L. Moreno, p. 3, publicado em Viena, em 1914, conforme o livro *Psicodrama*, de J. L. Moreno, publicado em 1978 pela Editora Cultrix.

Pouco depois, em 1924, Moreno publicou o resultado de suas principais idéias no livro *O teatro da espontaneidade*. Nascia, assim, o psicodrama.

ESTE LIVRO

Para criar os meus próprios programas de orientação profissional, acrescentei o referencial teórico e os recursos do psicodrama à minha experiência com o uso das palavras e textos na minha vivência de jornalista e ao conhecimento sobre profissões, carreiras e mercado de trabalho adquirido em quinze anos como diretora de publicações – revistas e anuários – voltadas para o público estudante jovem.

É na minha prática que está o foco deste livro. Trata-se do passo-a-passo de um Programa de Orientação Profissional, que denominei POP, criado com base na referência do contexto social, do "aqui-agora" de cada grupo. Do planejamento à execução, todas as atividades são pensadas em função dos dados de realidade do momento e das circunstâncias em que vive a comunidade onde os integrantes do grupo estão inseridos.

Optei por exemplificar tomando por base o programa realizado com um grande grupo de estudantes, na faixa de 14/15 anos, que cursava a 8ª série do ensino fundamental numa pequena cidade do interior do estado de São Paulo – grupo previamente determinado, cuja sociometria já estava pronta: eles já se conheciam e estavam bem entrosados.

Dentre esses jovens, muitos sonhavam em se tornar ricos e famosos como bailarinas, jogadores de futebol, cantores, *top models* e artistas de novelas. Como se a mágica que torna a vida melhor fosse decorrente de uma fugaz participação em *reality shows* de televisão. Como se riqueza material e fama pudessem livrá-los de ter que fazer escolhas e de se responsabilizar por elas. Como se as soluções da vida fossem sempre exteriores a si; apesar de si e independentes de si mesmos.

Trabalhei com a hipótese de que, predominantemente por meio dos recursos psicodramáticos, seria viável a transformação desses sonhos, que considero, antes de tudo, pouco prováveis, em sonhos possíveis de se realizar, e me propus a atuar como facilitadora na jornada que leva a essa mudança.

Observei, desde sempre, questões inerentes à formação da identidade do adolescente – um ser humano que está passando por um momento de grandes transformações, com características muito específicas que geram, facilmente, instabilidades e inseguranças.

Levei em conta, também, que os estudantes do grupo estavam vivendo um momento importante da adolescência: o encerramento do primeiro ciclo da educação formal, quando se fecha o período do ensino fundamental e se abrem novas perspectivas de vida, que podem ou não incluir a continuação dos estudos.

Nessa população, poucas eram as possibilidades de vislumbrar um futuro de desafios por meio do estudo. Alguns jovens, inclusive, já tinham alguma forma de trabalho remunerado (como jardineiro, entregador de pizza, caixa de supermercado e de açougue) e, aparentemente, não manifestavam expectativa de continuar estudando.

Planejei, então, oficinas capazes de encorajá-los a imaginar o futuro, mirar um objetivo e encarar, com zelo, cada passo do caminho até a realização de novos sonhos.

O RESULTADO ESTÁ AQUI

O primeiro capítulo descreve a minha percepção do cenário atual: a conjuntura da nova realidade, globalizada e informatizada, que tomo por base para desenvolver o tipo de trabalho a que me proponho.

O capítulo dois apresenta quase todas as referências teóricas do psicodrama nas quais fundamentei o meu trabalho.

No capítulo três estão alguns dos recursos extras que uso constantemente e que muito facilitam a minha prática.

O capítulo quatro expõe o meu guia de reflexões para o planejamento e construção do Programa de Orientação Profissional – POP.

O cinco traça um exemplo de plano do Programa de Orientação Profissional – POP.

Os detalhes do exemplo em questão estão no capítulo seis.

O capítulo sete conta o que aconteceu, na realidade, enquanto o Plano POP era executado.

No capítulo oito, constam os comentários e as considerações finais.

Por fim, a bibliografia.

CAPÍTULO 1
Orientação profissional na era da globalização

HÁ 100 ANOS, Frank Parsons[4], engenheiro e também advogado, lecionou história, matemática e francês em escolas públicas, foi professor de direito na Universidade de Boston e criou o primeiro serviço de orientação profissional de que se tem notícia. Entre 1905 e 1908, ele desenvolveu sua teoria, organizou um curso e treinou professores para serem conselheiros em orientação vocacional.

Instigado pelas transformações sociais e econômicas provocadas pela Revolução Industrial durante o século XIX, Parsons percebeu que o novo sistema de produção, predominantemente técnico e mecânico, exigia do ser humano uma qualificação muito grande, e identificou uma nova necessidade: era preciso um profundo autoconhecimento para conseguir uma melhor adaptação ao mundo do trabalho.

Parsons é do tempo em que o indivíduo, ao escolher uma profissão, podia saber claramente o que uma carreira ou um posto de trabalho exigiria dele; podia pressupor que, por meio do autoconhecimento ao se formar em um curso técnico ou superior, seria livre para decidir se uma vaga lhe interessava ou não, já que, no início do século XX, as funções

---

4 Chamou-me a atenção o fato de Parsons ter uma formação profissional múltipla já naquele começo de século, o que lhe abriu a possibilidade de atuar em várias e diferentes frentes de trabalho. Ele é exemplo de pessoa que explorou muito bem suas capacidades naturais e ampliou, ao longo da vida, os seus recursos – atitude indispensável nos dias de hoje.

operacionais eram muito bem descritas; os degraus de uma carreira, bastante determinados; e os empregos, além de mais disponíveis para os qualificados, quase sempre, duravam a vida toda.

Como era explícito o que uma empresa solicitava de pré-requisitos e o que oferecia como vantagens, oportunidades e condições para um bom desempenho, Parsons concluiu que o conhecimento dos recursos e das características pessoais, em equilíbrio com as exigências de uma determinada função, garantiria a adequação do indivíduo às ocupações no mercado de trabalho.

Desde então, ajudar o jovem nesse processo de conhecer-se e de conhecer a necessidade do mercado é a missão do orientador vocacional. Mas, se esta não mudou, mudaram as condições sociais, econômicas e culturais ao longo do último século. E as profundas transformações sofridas no mundo todo exigem, agora, repensar os objetivos para atingir essa missão.

Chegamos a esta primeira década do século XXI depois das várias "revoluções industriais" provocadas por avanços tecnológicos, popularização da informática, disseminação do uso do computador e da internet e globalização, que provocou a expansão mundial das grandes corporações internacionais.

Agora, a consciência de que tudo muda o tempo todo é maior. Funções e vagas deixam de existir com a mesma facilidade com que surgem novas ocupações e novas maneiras de trabalhar. A velocidade das transformações nas relações de trabalho não garante mais o emprego, ainda que o processo de autoconhecimento continue essencial e indispensável para a escolha da profissão.

Foi nesse cenário que iniciei o meu trabalho com orientação profissional, convicta de que, para o século XXI, não basta ao jovem escolher uma profissão e um curso preparatório

Orientação profissional

para exercê-la; é preciso manter-se informado constantemente, atualizado, atento às próprias experiências de vida para agregar valores aos seus recursos pessoais e desenvolver, ao mesmo tempo, espírito crítico e flexibilidade suficientes para transitar e se adaptar às mudanças sociais e de mercado que, a cada dia, estabelecem novos paradigmas.

VIVER É ESCOLHER

No Brasil, a escolha profissional ocorre precocemente, entre 15 e 17 anos, e, geralmente, sem um bom "aquecimento", isto é, sem uma boa base de informações que favoreça a reflexão e a tomada de decisão, atitudes estas, decorrentes do exercício da capacidade de fazer escolhas. Fazemos dezenas delas diariamente sem perceber que: 1. elas são escolhas individuais e, portanto, de nossa responsabilidade; 2. elas são importantes, apesar de corriqueiras. Será que estamos conscientes, ao escovar os dentes diariamente, que essa é uma escolha saudável e preventiva em benefício da nossa saúde? Não, necessariamente. Porque essa é uma escolha já registrada no nosso campo mental, guardada na prateleira dos nossos hábitos e facilmente acionada pelo nosso "piloto automático" cerebral.

Mas escolher uma profissão não é um hábito, é um processo complexo, que envolve um conjunto de circunstâncias favoráveis: sociais, econômicas, ambientais e até emocionais. Por exemplo: um jovem, criado no sertão brasileiro, terá alguma dificuldade para conhecer o que um profissional de oceanografia faz, como é o mercado de trabalho e como se tornar um bom profissional em tal área; um outro, que sempre viveu em uma grande metrópole da costa brasileira, terá dificuldades para entender como é o trabalho de um engenheiro florestal no interior da Amazônia. Mas poderiam, esses dois jovens, fazer escolhas tão díspares como essas?

A resposta, sob o meu ponto de vista, é sim. Desde que estejam prontos para tomar decisões sobre as quais possam aplicar e administrar seus próprios talentos, flexibilizando-os de acordo com as oportunidades. E, desde que tenham, também, desenvolvido largamente sua capacidade de adaptação ao novo, ao diferente. É isso que o mercado de trabalho atual espera.

Por outro lado, neste início de século, escolher uma profissão e se empenhar em fazer um bom curso técnico ou universitário aos 16, 17 anos não garante a empregabilidade do futuro profissional. É preciso considerar o alinhamento de suas potencialidades já desenvolvidas com sua capacidade de assimilar novos conhecimentos e de aceitar novos desafios.

Escolher um caminho profissional requer mobilização, concentração e vontade de lutar para vencer as dificuldades que possam surgir durante a jornada. Por isso, o envolvimento dos pais e dos professores é necessário e bem-vindo. A eles cabe incentivar o jovem a realizar seus próprios sonhos por meio de uma boa formação escolar, do esforço contínuo e do empenho objetivo em viver a própria vida. Cabe, também, acompanhá-lo e dar-lhe suporte na orientação profissional.

Ao serviço de orientação profissional cabe preparar atividades que criem situações nas quais o adolescente seja levado a experimentar diferentes papéis e a refletir sobre eles, acostumando-se, assim, a fazer escolhas. Além, é claro, de proporcionar sua aproximação com o mundo das profissões, dos cursos profissionalizantes e do mercado de trabalho.

O uso de recursos psicodramáticos, nesse caso, favorecerá a vivência de múltiplos papéis e ajudará a despertar a espontaneidade natural do ser humano; a coloca disponível para ser usada como recurso importante no caminho da escolha profissional. Os benefícios dessa prática ocorrem em programas de orientação profissional tanto para os jovens de classes socioeconômicas mais favorecidas quanto para aqueles cujo universo de informações é restrito pela condição social, intelectual ou financeira.

Foi com esse olhar que sistematizei a maneira como entendo o que é, nessa nova realidade, ajudar o jovem no seu processo de autoconhecimento e de descoberta de tudo que ele precisa para fazer boas escolhas e sobreviver no mercado de trabalho, apesar das constantes mudanças.

CAPÍTULO 2
A teoria por trás da prática

J. L. MORENO DEFINIU o psicodrama como "a ciência que explora a 'verdade' por métodos dramáticos". Considerava que, por meio da ação dramática, o indivíduo podia reencontrar-se com a espontaneidade e a criatividade, recursos inerentes ao ser humano, que, ao longo da formação da identidade, tornam-se engessados.

ESPONTANEIDADE E CRIATIVIDADE

A *espontaneidade* é a capacidade que o indivíduo tem de responder, adequadamente ou de maneira oportuna, às novas situações, agindo de maneira original, inédita ou, ainda, transformando situações previamente estabelecidas. Para Moreno, é a capacidade de "dar uma resposta nova a uma situação antiga"[5]. Essa capacidade de modificar situações e estabelecer novos padrões para si mesmo é a manifestação do outro recurso natural do indivíduo: a *criatividade*, o "ato de criar"[6].

A *criatividade* é a disponibilidade do indivíduo para o ato criador, isto é, qualquer ato que acarrete uma transformação integradora em direção ao seu autodesenvolvimento. A esses dois fatores, Moreno associou o conceito de liberdade, considerando todos funções de um mesmo processo.

---

[5] J. L. Moreno. *Quem sobreviverá? Fundamentos da sociometria, psicoterapia de grupo e sociodrama.*
[6] *Ibidem.*

A *liberdade* é a capacidade humana de tomar decisões; é a possibilidade de ser autêntico e desenvolver ao máximo as próprias potencialidades. Do ponto de vista do psicodrama, o uso espontâneo dessa capacidade permitiria ao indivíduo dar respostas dramáticas adequadas a determinadas situações.

FORMAÇÃO DA IDENTIDADE

O treinamento do jovem para definir-se por uma profissão e desenvolver seu papel profissional para, no meu modo de entender, prepará-lo para fazer escolhas. Essa preparação é necessária, porque entre a escolha da profissão e o efetivo exercício dela há um longo e dinâmico caminho para percorrer. Propiciar meios de administrar as próprias expectativas e enfrentar contingências desde os primeiros passos são os objetivos da orientação profissional.

Para pensar como atingir tais objetivos, considerei alguns aspectos da formação da identidade, segundo a teoria moreniana: sua *matriz de identidade*, seu *átomo social* e suas *redes sociométricas*.

A *matriz de identidade* é vista como uma verdadeira área de vínculos, com um conjunto de relações humanas, nos quais desenvolvem-se as ações e interações fundamentais e constituintes do indivíduo. Trata-se do *locus nascendi* do sujeito – o lugar de onde vai se originar o seu "eu" com base nos papéis que expressam as formas reais, imaginárias ou simbólicas, o "eu" que assumirá uma inter-relação com o outro, ou seja, o lugar que já existia antes de ele nascer e que, com seu nascimento, se torna o ponto de partida para seu crescimento e desenvolvimento.

Caracteriza-se como o espaço de coexistência e co-experiência tanto para o bebê (no caso aqui, o protagonista de uma ação) quanto para a mãe (que, em tese, é seu primeiro ego-auxiliar: aquele que tem como função auxiliar o protago-

Orientação profissional

nista), para as pessoas e as coisas à sua volta. É o lugar onde ele terá segurança, orientação e direção, à medida que é constituído por fatores sociais, materiais e psicológicos. Para Moreno, é a matriz de identidade que lança os alicerces do primeiro processo de aprendizagem emocional da criança. Acredito que essa aprendizagem tanto acarreta comportamentos padronizados quanto exercita a liberdade individual, já que, aos poucos, desenvolve-se a estratégia de inversão de papéis, e a criança pode demonstrar a liberdade que adquire em relação à sua mãe. Como é com base nesse desempenho interativo de papel e contrapapel que o "eu" se desenvolve, à medida que a criança ganha autonomia, ocorre o que Moreno chama de "o surgimento do eu", que ocorre em várias etapas:

1 • FASE DA INDIFERENCIAÇÃO, também chamada fase do duplo, é aquela em que a criança, sua mãe e o mundo são uma única coisa. O bebê não reconhece nada fora de si mesmo. Como tem todas as suas necessidades atendidas pela mãe, sua percepção é de que a mãe é apenas sua extensão. Nessa fase, a mãe age como ego-auxiliar ou dublê do próprio filho. Este é o chamado "estágio de identidade total".

2 • FASE DO ESPELHO é seguinte à da indiferenciação. Aqui, dois movimentos ocorrem paralelamente: às vezes o bebê está concentrado em si mesmo e nem percebe o outro; outras vezes, presta atenção no outro e se esquece de si mesmo; e, ainda: quando vê sua própria imagem em um espelho, a identifica como sendo outro bebê. Daí o nome de fase do espelho. Este é o chamado "estágio do reconhecimento do eu".

3 • FASE DE INVERSÃO é o estágio seguinte. Aqui, a criança já reconhece o outro e se arrisca a tomar o papel desse outro.

É uma atitude espontânea, constante na infância, que pode ser observada nas brincadeiras infantis, que é tão bem retratada por Chico Buarque de Holanda na composição João e Maria, cujos versos dizem "[...] agora eu era o rei [...] e você era a princesa que eu fiz coroar [...]" Este é o chamado "estágio do reconhecimento do outro.

Mais tarde, Moreno usaria suas observações dessas fases para criar as três técnicas básicas do psicodrama:

TÉCNICA DO DUPLO, na qual um problema pessoal de um protagonista pode ser representado e aprofundado por um ego-auxiliar que faz o papel do "duplo", auxiliando naquilo que o protagonista não consegue expressar.

TÉCNICA DO ESPELHO, que retrata, por meio de um ego-auxiliar, a imagem corporal e os conteúdos internos do indivíduo a uma distância tal que ele possa ver a si mesmo.

TÉCNICA DA INVERSÃO DE PAPÉIS, na qual o protagonista consegue tomar o papel de outra pessoa, e esta toma o papel do protagonista.

Para Moreno, "inversão de papéis aumenta a força e a estabilidade do ego de uma criança", considerando ego como a tomada de consciência da própria identidade. E vai além: afirma que esse tipo de ação ajuda a criança a diminuir a dependência dos pais e a criar seus próprios átomos sociais.

Átomo social, para Moreno, é o núcleo social de relações interpessoais que se formam em torno de cada indivíduo, lá em sua matriz de identidade, desde o seu nascimento; configura-se como a menor estrutura de uma comunidade; caracteriza-se por ser a menor unidade funcional dentro de um grupo social.

Segundo ele, todo indivíduo relaciona-se positiva, negativa ou indiferentemente com as demais pessoas de seu círculo social e vice-versa, dependendo da telessensibilidade de cada um, na medida em que estes também têm seus próprios átomos sociais, formando, assim, complexas inter-relações que, na sociometria – também criada por Moreno – configuram-se nas redes sociométricas (que veremos adiante).

Ainda de acordo com Moreno, o volume do átomo social expande-se continuamente à medida que crescemos e nos desenvolvemos, e é dentro dele que vivemos concretamente. No início da vida, o átomo social resume-se às figuras de mãe, pai, irmãos etc. – sua matriz de identidade. Com essas pessoas, o indivíduo começa a desempenhar seus papéis, primeiros ou complementares, com os quais interagirá.

Quando começa a relacionar-se com outros átomos sociais – grupo de amigos e até de inimigos –, também desenvolve papéis e contrapapéis, que serão mais ou menos desenvolvidos, de acordo com o exercício pessoal em cada um deles.

O átomo cultural – o padrão focal das relações ao redor do indivíduo – complementa o átomo social na formação da sua identidade. Ou seja, é dentro de uma cultura específica que o sujeito vai desempenhar seus papéis.

Como distingue Moreno: "A organização socioatômica de um grupo não pode ser separada de sua organização cultural-atômica". Assim, os dois átomos, social e cultural, são manifestações da mesma realidade social.

As *redes sociométricas*, segundo Moreno, têm a função de formar a tradição social e a opinião pública. Elas são o conjunto dos vários átomos sociais em que o indivíduo se inclui, mas que nem sempre são evidentes. Parte desses átomos

Lucila Camargo

pode se unir a outros átomos sociais, subseqüentemente, formando correntes complexas de inter-relações.

As redes sociométricas são fenômenos que podem ser observados objetivamente, embora também tenham variáveis subjetivas. Dentre estas, está a telessensibilidade de cada um e as correntes de afetos existentes nas relações que determinam o átomo social.

Além do meio socioeconômico, as redes sociométricas podem se formar com base nos diversos papéis que o indivíduo desempenha, e, muitas vezes, a principal inserção de um indivíduo em determinado grupo depende de seu papel profissional, cuja escolha é limitada pelas oportunidades oferecidas no ambiente e na classe social em que convive.

Sobre a matriz sociométrica, Moreno[7] afirma que "a matriz está em mudança dinâmica contínua" e ensina, também, que "a própria realidade social é o entrelaçamento e a interação dinâmicos da matriz sociométrica com a sociedade exterior, a externa".

Matriz sociométrica seria, então, segundo Moreno, o conceito que compreende todas as estruturas vinculares de um grupo. Essa matriz é composta por diversas configurações (nem sempre aparentes) que tornam evidente a trama específica da rede sociométrica.

No caso de grupo em processo de orientação profissional, relacionar a realidade social grupal com a realidade exterior e a própria realidade interna da matriz sociométrica facilita a vivência de uma situação em que se possa confrontar a realidade externa (na qual a mídia estimula sonhos dificilmente realizáveis) com a realidade social (na qual os membros do grupo

---

[7] J. L. Moreno, *Quem sobreviverá? Fundamentos da sociometria, psicoterapia de grupo e sociodrama.*

dificilmente têm acesso a recursos para alcançar os sonhos idealizados pela realidade externa) e com a realidade interna da matriz sociométrica (no contexto social em que estão inseridos).

O adolescente na faixa dos 14/15 anos vive um momento de muitas e intensas transformações, tanto físicas quanto psicológicas. Se considerarmos seu desenvolvimento com base nas relações estabelecidas em sua matriz desde o nascimento e, ainda, se considerarmos que a matriz está em mudança dinâmica e contínua, como afirma Moreno, podemos compreender essa fase da vida do jovem como um momento em que ele passa por novo "reconhecimento do eu" e está pronto para realizar novas inversões de papéis mais concretamente, reconhecendo possibilidades de futuro profissional.

A TEORIA DOS PAPÉIS

Grande parte do meu modo de pensar a orientação profissional assenta-se na teoria dos papéis que, no psicodrama, transcende o aspecto social: é muito mais abrangente e leva o conceito de papel a todas as dimensões da vida.

Moreno buscou o termo "papel" na linguagem do teatro. Jogo de papéis, para ele, é um procedimento experimental, um método de aprendizado para o desempenho dos diferentes papéis que assumimos durante a vida.

Moreno define papel como "a forma de funcionamento que o indivíduo assume no momento específico em que reage a uma situação específica, na qual outras pessoas, objetos ou fatores estão envolvidos". Assim, o indivíduo atua complementando um outro papel, de outra pessoa. Sua atuação ocorre pela percepção de outros papéis, pois esses são observáveis. Para Moreno, todo papel é fusão de elementos particulares (com seus diferenciais individuais) e de coletivos.

Os papéis surgem sempre na relação com o outro, precedidos por um processo de aquecimento e por um processo de aprendizado mimético sobre como tomar o papel do outro – por mais genérico que esse outro possa ser.

O surgimento dos papéis na história do sujeito ocorre no interior da matriz de identidade, considerando que esta se constitui na base psicológica para o desempenho de todos os papéis que desenvolverá ao longo da vida.

Moreno classifica três tipos diferentes de papéis: os psicossomáticos, os sociais e os psicodramáticos.

PAPÉIS PSICOSSOMÁTICOS, de caráter biológico, são os primeiros que aparecem no indivíduo e ajudam a criança a experimentar o corpo. Também chamados papéis fisiológicos. São papéis básicos de conduta com os quais outros vão se agregar, formando o chamado cacho de papéis.

PAPÉIS SOCIAIS, de caráter social, são os que contribuem para a formação da sociedade, tais como os papéis de mãe, filho, professor, amigo, aluno, cliente. São os que representamos no contexto social cotidiano, nos quais opera, predominantemente, a função de realidade. Suas manifestações dependem daqueles papéis básicos anteriormente desenvolvidos, por exemplo, papéis familiares.

PAPÉIS PSICODRAMÁTICOS, de caráter psicológico, correspondem à função mais individual da vida psíquica. Assim são denominados os papéis (contrapapéis e papéis complementares) que surgem no contexto psicodramático. Para Moreno, são esses papéis que, levados à ação dramática terapêutica, permitem *insights* mais profundos. Por meio deles, pode-se personificar coisas reais ou irreais que interagem com seus complementares (co-atores), reproduzindo aspectos seus e

Orientação profissional

do grupo, permitindo, assim, aos que assistem, verem-se ali representados.

FASES DO DESENVOLVIMENTO DOS PAPÉIS

Segundo a teoria moreniana, o homem vive em relação com os demais e assume, desenvolve (ou não), de maneira plena (ou não), diferentes papéis ao longo da vida.

O papel é, para Moreno, a menor unidade observável de conduta e, segundo ele, o desenvolvimento dos papéis individuais ocorre em três fases (ou com três movimentos subseqüentes):

ROLE-TAKING, tomada de um papel ou adoção dele. Consiste em simplesmente imitá-lo com base nos modelos disponíveis. Trata-se de reproduzir um papel completo, totalmente estabelecido. No *role-taking* o indivíduo não permite variações em si nem tem qualquer grau de liberdade.

ROLE-PLAYING, jogo de um papel que explora simbolicamente suas possibilidades de representação. No *role-playing*, o jogar de papéis já permite ao indivíduo alguma liberdade, alguma variação.

ROLE-CREATING, desempenho de um papel de forma espontânea e criativa. No *role-creating* ocorre a criação de papéis. O indivíduo tem alto grau de liberdade para atuar, baseado em sua própria espontaneidade.

No meu modo de ver, o indivíduo chega à adolescência com o papel de filho bem desenvolvido – se ele teve oportunidade de exercitá-lo. Outros papéis que podem estar bem desenvolvidos são o de amigo, estudante, aluno, sobrinho, neto etc. Porém, os papéis relativos ao desempenho profissional,

39

praticamente, não existem. Se existem, ainda estão como *role-taking*. Seu conhecimento se reduz a informações externas e esparsas, resultantes do seu *locus vivendi* e, se existe algum desempenho, este se reduz a imitações de papéis de pessoas que compõem sua rede sociométrica. A menos que sua rede sociométrica seja bastante ampla e que permita algum conhecimento das diferentes profissões, o universo de informações será pequeno.

O esperado pela família e pela sociedade para essa fase é que o jovem siga os passos já semitraçados. Mas é justamente nessa fase que novos papéis começam a se desenvolver. E experimentar papéis profissionais, por meio de jogos dramáticos, permite ao jovem uma vivência capaz de mudar o rumo dos acontecimentos previsíveis. Ampliando seu mundo de informações, é possível esperar que o jovem possa planejar um futuro melhor.

JOGO DE PAPÉIS E JOGOS DRAMÁTICOS

Moreno recorda que o psicodrama se origina dos princípios do jogo, e que, historicamente, esse tipo de brincadeira sempre existiu, sendo mais antiga que a humanidade. Dessa forma, o jogo foi precursor de seu crescimento e desenvolvimento. O valor educacional do jogo tem sido exaltado por grandes pensadores e educadores, tais como Rousseau e Pestalozzi.

O criador do psicodrama, no entanto, teve uma nova visão do jogo quando começou a brincar com crianças nos jardins de Viena, utilizando a brincadeira como uma forma de vivência original e terapêutica. Percebeu, ali, o jogo como um fator positivo de estimular a espontaneidade e a criatividade.

Nasceu, assim, a idéia do teatro de improvisação e, mais tarde, a técnica da inversão de papéis e do teatro terapêutico, que dariam origem ao psicodrama e ao sociodrama. Moreno diferencia "jogo de papéis" de "inversão de papéis":

Orientação profissional

JOGO DE PAPÉIS. Um indivíduo, quando assume o papel de advogado, professor, gerente, pai ou mãe para "aprender" como eles funcionam nessas situações, está em situação de "jogo de papéis". Este também pode ser considerado treinamento de papel, assim denominado quando se trata de procedimento dramático, regulado pela metodologia da teoria dos papéis para aprendizagem e estruturação de um papel.

Importante para o trabalho de orientação profissional é lembrar que o jogo de papéis pode ser usado para o treinamento de um papel profissional ou de qualquer papel social que se queira otimizar. Trabalha-se com liberdade, espontaneidade, criatividade e responsabilidade, fazendo o jovem, no caso, assumir, em primeiro lugar, o papel complementar que já conhece. Por exemplo, para estruturar o papel de professor, deve-se começar com o de aluno, seu complementar, que já terá representado alguma vez. Depois, pouco a pouco, mediante a inversão de papéis, é possível levar o jovem a atuar no papel que se quer estruturar.

INVERSÃO DE PAPÉIS. Quando, porém, o professor assume o papel de aluno e este o de professor, ocorre a inversão de papéis. Moreno ensina que a inversão de papéis se constitui em uma técnica de socialização e de auto-integração individual.

JOGOS PSICODRAMÁTICOS. Para a compreensão sobre o jogo no psicodrama, tomo emprestadas as palavras da psicóloga psicodramatista Rosane A. Rodrigues[8]. Para a autora, os jogos dramáticos constituem um instrumento importante e evocam a classificação de Roger Caillois que considera que, nesse tipo de atividade, "o prazer se dá através do faz-de-conta, da representação."

8 Rosane A. Rodrigues, *O jogo no psicodrama*, p. 111.

As bases para o funcionamento adequado de um jogo são: "expressão do prazer", "acordo" e "vigência". A esse tripé básico a autora dá o nome de contexto lúdico. E arremata: "Este contexto se assemelha muito ao dramático, com a diferença de que o primeiro busca predominantemente o prazer, e o segundo tem, no conflito, a sua base".

"Expressão do prazer" tem que ver diretamente com o objetivo principal do jogo. Para isso, é importante estabelecer um clima com o menor nível de tensão possível, estimular a liberdade de criação e a experimentação de novas formas de agir, descristalizando padrões repetitivos e sem sentido aparente.

"Acordo" pressupõe o consentimento mútuo do objeto e modo do jogo. Isto é, um jogo só se dá quando todos sabem que vão jogar, o que se vai jogar e como se vai jogar, com foco e regras claramente definidos, para que todos os participantes possam se entregar intensamente à atividade.

"Vigência" diz respeito ao tempo de duração do jogo. A energia criativa para jogar tem um tempo ótimo de expressão e é importante levar isso em consideração.

A aplicação de jogos dramáticos no trabalho com adolescentes também é considerada pela psicóloga psicodramatista Gisela Pires Castanho[9].

Diz ela que o jogo é fundamental no trabalho com adolescentes. Por vezes, é até mais importante que a palavra, já que, geralmente, nessa fase, a confusão interna é grande e a ansiedade impede a discriminação das emoções. "Através do jogo cria-se um clima lúdico que permite a colocação de temas que, se fossem abordados verbalmente, teríamos que esperar

---

[9] Gisela P. Castanho, "Jogos dramáticos com adolescentes", *In:* J. Motta, *O jogo no psicodrama*, p. 123.

o adolescente amadurecer e resolver parte de seus conflitos para serem transformados em palavras e explicados."
Segundo a autora, o jogo dramático proporciona maneiras criativas de lidar com os conflitos, pois a abordagem do tema deve se dar em campo relaxado, em clima de descontração. Jogo dramático é aquele que acontece no contexto dramático, no "como se". Gisela Castanho definiu, ainda, jogo dramático como sendo aquele que tem dramaticidade. Preceitua ela: "No teatro a dramaticidade ocorre quando a cena expressa um conflito. Sem conflito, não há dramaticidade e a cena é vazia. O jogo dramático deve, de alguma forma, comover, isto é, envolver o participante na atividade de expressar as criações do seu mundo interno (o que é criado na sua subjetividade)". Enfim, lembra que um jogo é dramático quando desperta a espontaneidade nos jogadores.

PSICODRAMA INTERNO E VISUALIZAÇÃO

No planejamento das oficinas de orientação profissional, elaborei exercícios que chamei de *jogos de visualização* ou *jogos de imaginação dirigida*. Para isso, valeram-me as referências obtidas com a leitura sobre psicodrama interno, fundamentadas nos conceitos do psicodramatista José Fonseca, contidos em sua obra *Psicodrama da relação: elementos de psicodrama contemporâneo* (Ágora, 2000), além da leitura do texto "Imaginação e psicodrama", de Beatriz Weeks e Carlos Rubini, apresentado no VIII Congresso Brasileiro de Psicodrama.

Para Fonseca, o psicodrama interno – que ele emprega em psicoterapia individual e, eventualmente, em grupoterapia – é mais uma técnica nascida da angústia do psicodramatista em seu *setting* de psicoterapia individual. Ele menciona no livro as influências que recebeu: "Assisti Dalmiro Bustos realizando passagens de cenas, em psicodrama clássico, solicitando ao protagonista que fechasse os olhos e visualizasse a cena que iria montar em seguida. Posteriormente, Victor Silva Dias relatava o que na ocasião denominava psicodrama mental. Posteriormente, Silva Dias e eu elaboramos uma forma própria de trabalhar com as imagens visuais internas".

O autor esclarece que o psicodrama interno tem correlações com as técnicas de meditação oriental, pois ambos trabalham na esfera do não-pensamento. Basicamente, é um exercício de atenção sobre si mesmo, assim como as práticas meditativas e, portanto, pode ser considerado como "um treinamento para o terceiro estado de consciência".

Já Weeks e Rubini lembram que a obra de Moreno tem como pressuposto a imaginação, tanto na sua origem (teatro espontâneo) e teoria (espontaneidade, papéis) como nas técnicas, buscando sempre a recuperação da espontaneidade, tendo como instrumento a capacidade imaginativa do indivíduo.

Os autores distinguem dois tipos de imaginação: a reprodutiva e a criadora. A primeira é a capacidade de evocar imagens de objetos ou daquilo que já foi percebido e está ligado à memória. A segunda é a imaginação como capacidade de formar e produzir imagens de objetos que não foram percebidos ou de objetos inexistentes, bem como de realizar novas combinações de imagens.

Trata-se, portanto, de uma faculdade criativa da mente humana, que produz representações (imagens) de objetos inexistentes, possuindo, assim, o sentido e a função de criação e invenção.

Sugerem que, reprodutiva ou criativa, a imaginação é caracterizada como um processo de representação, modificação e encadeamento de imagens, exprimindo a realidade interna do sujeito; não é subordinado ao controle da realidade exterior.

Para o que chamei de *jogos de visualização*, conceituei "visualizar" como "tornar algo visível no campo mental, mediante o comando sugestivo do diretor" ou, ainda, "formar ou conceber uma cena de algo que não se tem diante dos olhos no momento do jogo". Assim, pode-se dizer que imaginar conscientemente é ver, é visualizar, com isso, buscando um estado de relaxamento ou meditativo, pode-se realizar jogos de imaginação dirigida que ajudem na expressão da realidade interna do indivíduo, baseada tanto nas experiências do passado quanto na possível projeção do futuro.

AS ETAPAS DE UM PSICODRAMA – A IMPORTÂNCIA DO AQUECIMENTO

Um psicodrama pressupõe ação livre e espontânea, além da interação entre pessoas dentro de um contexto (social, grupal ou dramático), utiliza cinco instrumentos (diretor, protagonista, egos-auxiliares, público e cenário) e obedece às três etapas de uma sessão (aquecimento, dramatização e compartilhamento).

No caso da orientação profissional, destaco a importância do aquecimento, entendendo este como sendo o processo de preparação para fazer emergir a espontaneidade, até que o indivíduo possa sentir-se livre e seguro para entrar em ação e interagir com o grupo.

A adolescência se caracteriza como uma fase de transição em que o jovem busca identificar-se com seus pares. Por isso, a turma passa a ser mais importante do que a família; é onde o jovem encontra novos modelos que vão ajudá-lo a construir sua identidade adulta. É na turma que ele busca segurança e auto-afirmação. E é por meio dela que ele se renova e treina novos papéis sociais, se desorganiza e se reconstrói. Um bando de adolescentes é sempre uma explosão de vivacidade e intensa energia.

Também faz parte desse estágio a dificuldade do adolescente em lidar consigo mesmo, pois sua auto-imagem está mudando muito, de forma desajeitada; enquanto ele tenta se entender com todas as novas informações corporais, afetivas etc., sente-se tenso e angustiado.

Diante desse quadro, é natural que, na frente da turma, o jovem se destaque pela graça, pela piada, pelo humor, pela gozação, não se sentindo à vontade para voltar-se para si mesmo e trabalhar com seriedade em grupo. Quando tem de falar de si mesmo, aflora o sentimento de vergonha, insegurança, medo do ridículo, o que gera tensão.

Por isso, o aquecimento, como etapa do processo psicodramático, ganha uma importância fundamental. Por meio dele criamos um ambiente em que cada um da turma se sente à vontade, sem ansiedade. Como afirma Cida Davoli[10] nessa etapa "temos que convergir as atenções dos participantes [....] Reconhecer o ambiente onde iremos trabalhar, o espaço físico, familiarizando os indivíduos às diversas dimensões do lugar, como volume, altura, distâncias, sons e cheiros".

É fundamental, dentro de um trabalho de orientação profissional, que o grupo esteja apto para as criações coletivas que se darão ao longo do processo. Por isso, ensina Cida Davoli: "Para fazer com que um agrupamento de pessoas, qualquer que seja sua história anterior, torne-se um grupo, é necessário prepará-lo para a grupalização", o que se consegue por meio de exercícios individuais, em duplas, trios etc.

Nessa etapa do aquecimento, as pessoas são convidadas a realizar atividades nas quais tenham de prestar atenção

---

[10] Cida Davoli, "Aquecimento: caminhos para a dramatização", *In*: W. C. Almeida, *Grupos: a proposta do psicodrama*, p. 51.

em si, ao mesmo tempo em que prestam atenção nos colegas. Assim, vão se preparando para ouvir, responder e complementar a ação de outra pessoa, prontos para abandonar qualquer tensão e atuar em campo relaxado.

CAPÍTULO 3
Os recursos que facilitam a prática

A IDÉIA DE UM Programa de Orientação Profissional – POP – é de que se consiga despertar no jovem o interesse pelo seu futuro, aguçando sua curiosidade em relação à vida adulta e estimulando-o a experimentar possibilidades profissionais por meio de jogos dramáticos e dramatizações. Assim, será possível exercitar as capacidades de tomar decisões, de assumir uma atitude positiva diante das dificuldades e de ter flexibilidade neste mundo de transformações.

Para facilitar a assimilação de novos conhecimentos, que levarão a novos comportamentos, é importante utilizar exercícios de autopercepção, isto é, atividades que ajudem o jovem a se perceber, fazendo um "reconhecimento do eu" por intermédio de seu corpo físico.

Usando exercícios apropriados, o adolescente começa a ver sentido em uma série de informações que recebe na escola e que, geralmente, estão desvinculadas da realidade cotidiana. Por exemplo, com relação ao corpo humano: quase sempre o estudante estuda o funcionamento dos aparelhos respiratório e digestório sem reconhecê-los no próprio corpo. Quando percebe, em si mesmo, como esses sistemas funcionam, torna-se mais consciente da sua individualidade e, em geral, passa a se cuidar melhor.

Os exercícios de respiração são os maiores aliados do orientador profissional no trato com os jovens. Por meio deles melhoramos nossa capacidade de oxigenação do sangue, eliminamos as impurezas e deixamos fluir melhor a nossa energia. Praticando-os, liberamos nossas tensões emocionais, refrescamos o cérebro e conseguimos, então, fazer novas escolhas.

Em todos os programas de orientação profissional, uso e ensino exercícios fundamentais de corpo e respiração. Sistematizei algumas técnicas e as recomendo para todas as sessões, na fase de aquecimento, lembrando que, durante todo o tempo deve-se trabalhar com os pés descalços, ao som de música suave.

Sempre reforço que a respiração é uma das mais valiosas ferramentas de autocontrole de que o indivíduo pode dispor, em qualquer situação e para toda a vida.

PERCEPÇÃO CORPORAL

Considerando que a adolescência é um período de grandes transformações para o jovem e que o mundo exterior está totalmente disponível para ser descoberto e assimilado por ele, sabemos que lhe é difícil centrar a atenção em si mesmo. Assim, exercícios que o façam observar o próprio corpo são fundamentais para se conseguir um estado propício à reflexão. Sugiro:

EXERCÍCIO 1 • **Caminhar sentindo os pés**
Visa a direcionar a atenção para si mesmo, abstraindo o ambiente externo. O objetivo é fixar a presença do indivíduo no "aqui-agora".

INSTRUÇÃO: "Olhe seus pés, avise-os que você vai cuidar deles agora. Concentre a atenção neles e, sem falar e sem dirigir o olhar para eles, sinta como é que o pé direito está pisando o chão. Como o calcanhar do pé direito está pisando o chão? Como a sola do pé direito está pisando o chão? Como a parte da almofadinha da sola do pé está pisando o chão? Como o dedão do pé direito está pisando o chão? E os dedos vizinhos? E o dedinho?"

A percepção corporal, voltada para a base de sustentação do corpo físico – os pés – é ampliada quando ocorre a próxima instrução: "Pare e sinta a diferença entre o pé que recebeu atenção e o outro pé". O mesmo exercício deve ser repetido com a atenção no pé esquerdo. Encerra-se pedindo que a pessoa – de preferência com os olhos fechados – perceba a diferença da sensação física entre os dois pés.

EXERCÍCIO 2 • As formas de se locomover
Visa a motivar a autoconsciência. Trata-se de desafiar a memória do indivíduo para ativar sua espontaneidade e criatividade. Este exercício contribui para a criação do vínculo com um grupo em trabalho de orientação profissional. Quanto maior o fator "tele" (percepção interna mútua entre duas pessoas) entre orientador e orientando e/ou grupo, maior será o grau de espontaneidade atingido, proporcionando, assim, que o orientando se solte, a ponto de dar cambalhotas como expressão de formas de locomoção. Cria-se, com isso, um clima descontraído e lúdico.

INSTRUÇÃO: "Mostre para mim todas as formas de se locomover que você conhece, usando apenas o seu próprio corpo".

A minha prática tem mostrado que, normalmente, é possível trazer à lembrança cerca de trinta diferentes formas de se locomover. A experiência com grupos ou em programas individuais, me permitiu criar uma escala de valores (ver quadro) que me ajuda a perceber se uma pessoa está usando todos os seus recursos de memória.

ESCALA DE VALORES PARA SE AVALIAR O USO DA CRIATIVIDADE

Mais de 30	Criatividade e espontaneidade em pleno uso
De 21 a 29	Criatividade em exercício
Menos de 20	Criatividade adormecida

CHECKLIST DE FORMAS DE LOCOMOÇÃO MAIS LEMBRADAS

1 Andando normal para frente.
2 Andando normal para trás.
3 Andando de lado.
4 Andando agachado.
5 Andando pelas pontas dos pés.
6 Andando pelos calcanhares.
7 Andando com as laterais externas.
8 Andando com as laterais internas.
9 Arrastando os pés.
10 Correndo a passos largos.
11 Correndo a passos curtos.
12 Girando.
13 Pulando com o pé direito.
14 Pulando com o pé esquerdo.
15 Pulando com os dois pés.
16 Pulando amarelinha.
17 Saltando para frente.
18 Saltando para trás.
19 Saltando para os lados.
20 Saltando como canguru.
21 Saltando como sapo.
22 Marchando para frente.
23 Marchando para trás.
24 Marcha olímpica.
25 Executando marcha atlética.
26 Dando cambalhota para frente.
27 Dando cambalhota para trás.

28 Rolando.
29 Arrastando o corpo todo para frente.
30 Arrastando o corpo todo para trás.
31 Arrastando-se pelos antebraços.
32 Arrastando-se pelas pernas.
33 Arrastando-se de costas.
34 Arrastando-se de lado.
35 Engatinhando.
36 Ajoelhando-se.
37 Movendo-se em ponte.
38 Movendo-se com pés e mãos no chão.
39 Movendo-se com um pé e mãos no chão.
40 Movendo-se com dois pés e uma mão.
41 Movendo-se com as nádegas em posição sentada e pernas estendidas.
42 Movendo-se com as nádegas em posição sentada e pernas cruzadas.
43 Movendo-se com as nádegas e pés mantendo as pernas flexionadas.

Acrescente as que você se lembra...

Orientação profissional

PERCEPÇÃO CORPORAL RESPIRATÓRIA

Habitualmente, os adolescentes não estão atentos ao seu próprio processo de vida. Não se dão conta de que, assim como um automóvel precisa de gasolina ou álcool para funcionar, nós, humanos, também precisamos de combustível para viver: o oxigênio contido no ar, que conseguimos por meio da respiração, sem precisarmos ir até um posto de abastecimento.

Adolescentes estão mais preocupados em descobrir o que o mundo exterior lhes oferece, além dos limites de seu lar e da sua escola, do que aquilo que se passa dentro de si mesmo, sendo esse um comportamento legítimo que nós, adultos, precisamos respeitar. O que não significa ficarmos de braços cruzados, contemplativos.

Se, em casa, é fácil ensinarmos a importância da respiração por meio do diálogo (quando falamos, por exemplo: "conte até dez antes de responder", "calma, pense antes de responder", "respire fundo e vamos em frente!", "primeiro escute tudo, depois pense e responda"), em um processo de orientação profissional, podemos encorajar o adolescente ou um grupo de adolescentes, por meio de exercícios. Sugiro começar sempre por um deles que chamo de "onda de três tempos".

EXERCÍCIO 1 • Onda de três tempos

Consiste em inspirar, prender a respiração e jogar o ar para dentro do corpo, expandindo o tórax, o diafragma e o abdômen.

INSTRUÇÃO: "Vamos todos deitar no chão, colocar a mão direita sobre o peito e a esquerda sobre a barriga. Encham os pulmões de ar, prendam a respiração e sintam, com a mão, que o peito expandiu, alargou. Com a respiração presa, empurrem o ar dos pulmões para a barriga e sintam, com a outra mão, que ele chegou até lá. E mais: ainda com o ar preso, vamos empurrá-lo até a pelve. Façam isso por duas vezes, inspirando pelo nariz e soltando pela boca, como se estivessem soprando. Na terceira vez, repitam o exercício dos três tempos e, na hora de expirar, soltem o ar em alívio (diretamente da garganta pela boca aberta)".

Explico a importância de se perceber o ar dentro do corpo: melhor circulação, melhor oxigenação e melhor reposição de energia interna. Quando em grupo, é sempre útil lembrar a importância de ter e demonstrar respeito pelo jeito diferente que cada um dos membros tem para conseguir sentir o ar entrando no corpo, expandindo os pulmões, descendo até o diafragma e o abdômen.

Dependendo do envolvimento do grupo, é possível dar mais do que um dos exercícios de respiração já na primeira oficina. Caso contrário, vai-se aprofundando a cada encontro de maneira que, ao final, o adolescente domine uma ferramenta que ele poderá utilizar conforme a situação em que se encontrar: as várias formas de respirar e suas utilidades. Seguem-se exemplos que poderão ser agregados:

EXERCÍCIO 2 • Onda de quatro tempos
Procede-se como no exercício anterior, com a diferença de que se está em pé: pede-se que jogue o ar da pelve para os pés, flexionando ligeiramente os joelhos. Esta ação permitirá que o jovem perceba melhor como os próprios pés tocam o chão.

INSTRUÇÃO: "Vamos inspirar pelas narinas, profundamente, sentindo o ar passar pelos pulmões, diafragma, pelve e vamos empurrá-lo até os pés, como se os estivéssemos enterrando-o no chão. Deixemos soltar o ar em alívio".

Orientação profissional

EXERCÍCIO 3 • Onda de três tempos, sentado sobre os ísquios
Pedir que todos fiquem sentados, em posição confortável, com a coluna ereta.

> INSTRUÇÃO: "Sentados no chão, pernas dobradas de forma a sentir os 'ossinhos' das nádegas. Mão direita na barriga e mão esquerda abaixo, na região pélvica, forçar o ar como se quisessem deixá-lo sair por baixo. Soltar pela boca, em sopro".

EXERCÍCIO 4 • Tábua no chão
Deitado em decúbito dorsal, pernas flexionadas de maneira que os pés toquem, por inteiro, o chão. Sentir que os ombros e a cintura tocam o chão.

> INSTRUÇÃO: "Vamos inspirar lentamente, levando o ar até a nuca e, daí, empurrá-lo pela coluna, expandindo as costas (coluna, tórax, diafragma, pelve, pernas, pés). Vamos soltar o ar em sopro, lentamente".

EXERCÍCIO 5 • Gato preguiçoso
Este exercício alonga toda a coluna: cervical, dorsal, lombar até o sacro.

> INSTRUÇÃO: "Em pé, joelhos semiflexionados, ombros relaxados, vamos inspirar rápida e profundamente, levando o ar até a nuca, fazendo-o espalhar-se pelos ombros, descendo até a cintura e dali, até o sacro. Soltemos o ar, livremente, pela boca".

PERCEPÇÃO CORPORAL INTERNA
Para o adolescente, o universo está totalmente fora dele, sendo confortante reconhecer que há, dentro dele, um eixo, um ponto de apoio emocional. É possível aprender a voltar-se

para seu interior de maneira lúdica, dirigindo a imaginação e a criatividade, jogando luz nas informações que ele já tem sobre o corpo.

O exercício a seguir é baseado em estados de meditação e só deve ser realizado depois que o grupo estiver bem vinculado e com boa capacidade de autocentrar-se.

EXERCÍCIO • Ache o eixo

INSTRUÇÃO: "Em pé, com os olhos fechados, pés plantados no chão, joelhos semiflexionados, ombros relaxados, respirando normalmente, suavemente, vamos sentir que o ar que inspiramos nos ajuda a buscar, lá no centro da Terra, uma linha imaginária, como se fosse um meridiano: um eixo que atravessa o centro do nosso corpo, dos pés à cabeça, e se constitui num ponto de apoio interno para o nosso corpo físico e emocional".

Continuando o exercício de imaginação dirigida, pede-se: "Deixe que seus olhos se voltem para este eixo e percebam como ele é. Imagine que os olhos podem passear pelo eixo, de alto a baixo, percebendo sua estrutura, sua densidade, seu formato, sua espessura, sua textura, sua cor. Sinta que, de dentro deste seu eixo, emana uma luz, de alto a baixo. Uma luz que ilumina todos os seus órgãos internos".

Nomeiam-se os órgãos para facilitar a lembrança aos jovens (cérebro, pulmões, coração, rins etc.), e encerra-se este exercício pedindo para todos se espreguiçarem lentamente, ainda de olhos fechados.

PERCEPÇÃO CORPORAL EXTERNA

Conseguindo que o adolescente atinja o estado de relaxamento e imaginação criativa no exercício acima descrito, promove-se, então, a percepção corporal externa, conduzin-

Orientação profissional

do-o a ver e sentir a luz do eixo ultrapassar os limites do corpo, criando em torno de si uma esfera de luz.

INSTRUÇÃO: "Percebemos que esta luz que ilumina nossos órgãos, músculos, ossos e, ligamentos internos ultrapassa os limites do nosso corpo e cria, em torno de nós, um campo de luz, que vamos delimitar com a extensão dos nossos braços abertos horizontalmente".

Pede-se, então, que o adolescente erga, lentamente, os braços à sua frente e, mantendo o braço esquerdo parado, faça, com o direito, um semicírculo no ar, formando um ângulo de 180º.

INSTRUÇÃO: "Vamos erguer os braços à frente até deixá-los esticados na posição horizontal. Imaginemos que as mãos seguram um pincel. Tomemos o pincel com a mão direita e tracemos um semicírculo até as costas (180º). Voltemos reforçando bem lentamente, como se estivéssemos pintando um arco em volta de nós mesmos. Depois, vamos trocar de mão e repetir o exercício do lado oposto a fim de completarmos um círculo todo".

Durante esta ação é importante recomendar: "Voltemos o braço à frente lentamente, sentindo o movimento, o peso, a circulação sanguínea em cada uma das partes do braço, do antebraço, do punho, da mão, dos dedos".

Termina-se o exercício solicitando aos alunos que façam o mesmo com o braço esquerdo, mantendo o direito parado à frente e propondo: "Agora vamos espreguiçar lentamente neste campo de luz que criamos". Só então os adolescentes, deverão abrir os olhos (costumo pedir que o grupo chute o ar para fazer a energia do corpo circular melhor).

PERCEPÇÃO ESPACIAL

Percepção espacial pode ser conseguida complementando-se o exercício de percepção corporal com base no desenho de Leonardo Da Vinci denominado "Homem Vitruviano", datado de aproximadamente 1492, que está exposto na Galeria della Accademia de Veneza, Itália (modelo). Apresenta-se o desenho em tamanho grande com a instrução: "Vamos observar o desenho de Da Vinci e explorar seus vários sentidos". Dá-se tempo e estimula-se o grupo a se expressar livremente, perguntando, várias vezes "que mais estão vendo... que mais?", promovendo-se assim, o aquecimento.

Comenta-se que, usando a imaginação, podemos traçar um círculo horizontal e outro vertical em torno de nós mesmos, o que nos abrirá a possibilidade de criarmos um campo esférico de luz individual.

Para formar o círculo horizontal procede-se como no exercício anterior. Para alcançar o objetivo da percepção espacial solicita-se que todos, depois de terem observado o desenho e criado sua esfera de luz, permaneçam de olhos fechados e se coloquem na posição do Homem Vitruviano, com os braços e as pernas abertos à semelhança da figura, e imaginem-se dentro de um círculo contendo um quadrado, tocando-os com as pontas dos dedos das mãos e as plantas dos pés.

Explica-se que ambas figuras geométricas ali são imaginárias, como imaginárias são as linhas geográficas chamadas meridianos e paralelos.

INSTRUÇÃO: "Percebam que a luz, que sai de dentro do seu eixo, ilumina seus órgãos internos, cria um campo de luz em torno de si, se completa como uma bola de luz. Sintam-se como se estivessem dentro dessa grande bola". Conclui-se: "Visualizemos essa bola como sendo o espaço físico que

Orientação profissional

cada um de nós ocupa no Universo. Abram os olhos e experimentem a sensação de expansão do próprio corpo".

Aqui, pode-se acrescentar o conceito de respeito e amor próprio. Lembro que este espaço pode ser o nosso limite com relação aos outros. Esse é um espaço íntimo e pessoal, onde queremos – e devemos deixar – que só entrem e saiam boas energias. Este exercício, bem conduzido, suscita um clima leve e lúdico, bastante favorável para o sucesso do Programa de Orientação Profissional.

Homem Vitruviano – Leonardo Da Vinci

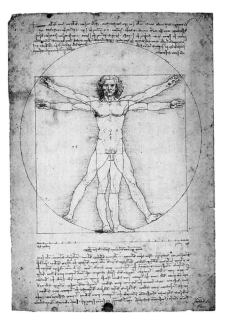

Desenho das proporções da figura humana de acordo com o romano *Marcus Vitruvius Pollio*, arquiteto do séc. II d.C., que descreveu o homem como um ser perfeito da natureza, possuidor de perfeitas proporções equivalentes a 7 e ½ cabeças tanto na altura quanto na envergadura. E por ser perfeito, esse corpo se enquadrava nas formas perfeitas da geometria – o círculo e o quadrado, tendo como centro, o umbigo. (Fonte: http://www.wikipedia.org/)

PERCEPÇÃO TEMPORAL

Para provocar a percepção temporal, criei o Inventário Histórico-familiar, baseado em recursos clássicos, como a linha do tempo, a árvore genealógica, a matriz de identidade de J. L. Moreno (que contempla a cultura, os valores e padrões de relação, não só da família onde o adolescente está inserido, mas também aqueles da matriz social que formaram essa cultura, esses valores e padrões familiares). Esta é uma atividade para ser compartilhada com os pais. Cada adolescente deve entrevistar seus pais, preencher o inventário e aprontá-lo para ser trabalhado em grupo.

Na turma, depois de um bom aquecimento, cada um se sentará com um pequeno subgrupo e trocará suas informações com os colegas, buscando pontos de coincidências e divergências para formar um único painel. Este será apresentado para a turma toda. Novamente, buscam-se os pontos de coincidência – que se constituirão na identidade comum na percepção do tempo – e de divergências, que se constituirão na percepção do tempo na própria individualidade (ver quadro na página 61).

AUTOPERCEPÇÃO E RECONHECIMENTO DO EU

Aqui se busca o "reconhecimento do eu" e o fortalecimento do ego, num momento em que o adolescente está passando do mundo infantil para o adulto. A primeira parte é uma pesquisa que deverá ser feita com os pais (Quem sou eu? Por que recebi esse nome? Quem escolheu esse nome para mim? Por quê? Qual é o significado do meu nome?), e levada para mostrar ao grupo. Depois a atividade se desdobra nos seguintes exercícios:

EXERCÍCIO 1 • Olhar-se no espelho, observando tudo minuciosamente

Modelo:

INVENTÁRIO HISTÓRICO-FAMILIAR

* Minhas bisavós paternas e bisavós maternas tinham 20 e poucos anos em 19 .... e viviam em .... (nome da cidade).
* Enquanto isso, no Brasil, o presidente do país era ....
* Um fato histórico da época foi ....
* Um fato cultural da época foi ....
* Um fato econômico da época foi ....
* Um fato social da época foi ....
* E no mundo estava acontecendo ....

* Meus avós paternos tinham 20 e poucos anos em 19 ....
  e viviam em .... (nome da cidade).
* Enquanto isso, no Brasil, o presidente do país era ....
* Um fato histórico da época foi ....
* Um fato cultural da época foi ....
* Um fato econômico da época foi ....
* Um fato social da época foi ....
* E no mundo estava acontecendo ....

* Meus avós maternos tinham 20 e poucos anos em 19 ....
  e viviam em .... (nome da cidade).
* Enquanto isso, no Brasil, o presidente do país era ....
* Um fato histórico da época foi...
* Um fato cultural da época foi ....
* Um fato econômico da época foi ....
* Um fato social da época foi ....
* E no mundo estava acontecendo ....

* Meus pais tinham 20 e poucos anos em 19 .... e viviam em ....
  .... (nome da cidade).
* Enquanto isso, no Brasil, o presidente do país era ....
* Um fato histórico da época foi ....
* Um fato cultural da época foi ....
* Um fato econômico da época foi ....
* Um fato social da época foi ....
* E no mundo estava acontecendo ....

* Eu hoje tenho .... anos .... meses .... dias.
* Vivo em ....
* O presidente do Brasil é ....
* E o jornal de hoje traz como notícia da política ....
* Traz como fato econômico ....
* Traz como fato social ....
* E no mundo está acontecendo ....

INSTRUÇÃO: "Perguntem-se: O que eu vejo? Como é a minha pele? O meu cabelo? Os meus olhos, minhas orelhas, meu nariz, minha boca, meus dentes, minha língua, minha garganta, meu pescoço? Escolham, então, o que mais gostam de tudo que vêem e anotem. Perguntem-se: o que vejo de melhor no meu rosto? E anotem na folha de papel que receberam".

EXERCÍCIO 2 • Reconhecer e respeitar o outro

INSTRUÇÃO: "Vamos olhar o colega sentado à direita de cada um; vamos observá-lo respeitosamente e procurar nele uma coisa bonita que vemos e uma coisa boa que percebemos nele. E, depois, anotar na folha de papel".

CAPÍTULO 4

Reflexões para um planejamento – o Plano POP

*a*O LONGO DA minha experiência, percebi que os melhores resultados, com relação à atitude dos adolescentes diante das escolhas, ocorrem quando o Programa de Orientação Profissional leva em consideração as diferenças socioculturais, econômicas e de mercado de trabalho existentes nas diferentes regiões do país. Uma população do Nordeste certamente não se beneficiará plenamente se lhe for aplicado o mesmo planejamento feito para jovens do Centro-oeste, cujo mercado de trabalho tem características bem diferentes. Por isso o meu sistema de trabalho tem como objetivos gerais:

1 • oferecer, para um grupo em orientação, o maior número possível de informações sobre profissões, escolas e mercado de trabalho dentro da realidade da região em que vive. Isso facilitará sua inserção social à medida que as condições de estudo e trabalho estejam próximas do seu mundo, da sua cidade, da sua casa;

2 • estimular cada um do grupo a criar seu próprio projeto profissional, que contemple também o estilo de vida que pretende ter. Isso facilitará o planejamento de metas a curto, médio e longo prazos, bem como das estratégias que o ajudarão a cumpri-las até atingir o objetivo final;

3 • despertar o uso da criatividade para desenvolver habilidades que o ajudem a superar os eventuais obstáculos durante a jornada.

Sistematizei a prática no que chamei de Programa de Orientação Profissional – Plano POP, no qual tudo começa com um bom planejamento. Esse primeiro momento é fundamental: é a hora de pensar em "o que vamos fazer e para quem vamos fazer?", "como e por que vamos fazer desta ou daquela maneira?" Nascerá daí um guia que ajudará a organizar o pensamento e a ação. É o que se chama de projeto customizado[11], isto é, um plano criado e ajustado de acordo com a realidade do grupo que será beneficiado com um Plano POP.

PÚBLICO-ALVO

O Plano POP vai, em primeiro lugar, considerar o público-alvo, entendido aqui como:

* número de pessoas envolvidas – processo individual, para grupos pequenos de até dez, vinte adolescentes ou grupos grandes, de trinta a sessenta adolescentes;
* faixa etária – deve compreender, no máximo, um intervalo de dois a três anos (por exemplo entre 14 e 15 ou 15 a 17);
* escolaridade – separar os grupos de 8ª série do ensino fundamental dos grupos em qualquer série do ensino médio;
* gênero – dar preferência a grupos que sejam mistos (masculino e feminino);
* condição socioeconômica – classes bem especificadas (média baixa, média média, média alta etc.);

---

11 Customizar, na linguagem empresarial, significa personalizar, ajustar, modificar ou configurar produtos de modo que se tornem mais adequados às necessidades ou preferências dos usuários.

Orientação profissional

- condição sociocultural e ambiental – região do país onde vive, cidade de pequeno, médio ou grande porte; população de zona rural ou urbana; acesso aos bens de consumo, lazer, arte e cultura.

CENÁRIO

No Plano POP estará o resultado de uma reflexão sobre alguns aspectos de caráter emocional, comportamental, temporal e informativo que ajudam a compor, na nossa cabeça, um cenário – ou seja, o conjunto de condições do meio em que vive um determinado grupo. Esse cenário é determinante para se construir um plano de ação que contemple as diferenças entre um e outro contexto socioeconômico, a fim de se elaborar um programa de orientação profissional adequado. Podemos nos fazer centenas de perguntas, que nos ajudarão nesta tarefa. Sugiro algumas:

- Qual é a realidade da comunidade onde vivem os estudantes que participarão do POP?
- Qual é o nível de percepção da realidade individual desses jovens e das outras realidades que se avizinham? E da realidade global?
- Qual é a visão de futuro do grupo?
- Como trabalhar a percepção dos pais como figuras vinculares de afeto e não como modelo único de padrão de vida?
- Qual o papel dos pais e dos filhos nessa fase de escolha profissional?
- Como preparar o adolescente para exercitar novos papéis, estabelecendo a diferença entre papéis infantis, juvenis e de adulto?
- Como desvincular fatores, aparentemente indissociáveis, que se interpõem no momento da escolha profissional (por exemplo, condição socioeconômica pouco favorecida)?

- Como conscientizar que a escolha da profissão se dá em um momento em que um ciclo de vida se fecha (fim do período escolar do 1º ou 2º grau) e outro se inicia (entrada em um curso profissionalizante ou universitário) como um processo contínuo?
- Como ajudar a aclarar o que está e o que não está sob o controle do jovem?
- Como levar o adolescente a identificar seus sentimentos atuais, suas assertividades e contradições?
- Como ajudar na identificação do sentimento com relação à escolha da profissão?
- Como trabalhar eventuais sensações negativas?
- Como abordar, ao longo do processo, a ética e a cidadania (o "eu" responsável por mim e a minha responsabilidade perante os outros e a comunidade)?
- Como abordar o mundo das profissões e seus vários aspectos?
- Quais as características que ajudam o jovem a se tornar um profissional bem-sucedido?
- Como ocorre o processo de escolha, as escolhas preferenciais e a responsabilidade pelas escolhas?
- Quais as ferramentas pessoais que ajudam nas escolhas e nas dificuldades da vida?
- Como separar as dificuldades do cotidiano do sentimento de prazer e felicidade?

VISÃO DO ORIENTADOR

É com base nas informações do público-alvo e do cenário que se fará a reflexão para construir a visão do orientador, ou seja, aquilo que ele percebe da realidade do meio onde vive um determinado grupo e o que ele deseja atingir com um Plano POP, não apenas no sentido de levar o grupo a escolher uma profissão, mas também de ajudá-lo a prover-

Orientação profissional

se dos recursos individuais, necessários para que os integrantes atinjam sua meta profissional. Contém a aspiração na qual se orientará a construção das ações de um POP de acordo com as diferenças de público-alvo, por exemplo, considerando a condição de residentes em região onde são fortes as áreas do turismo e movelarias. Orientandos dessa comunidade, após o programa de orientação profissional, estarão prontos para reconhecer e desenvolver suas habilidades individuais, que facilitarão a entrada no mercado de trabalho local.

MISSÃO DO ORIENTADOR

A missão de quem trabalha com orientação profissional é, dentro de um determinado prazo, ajudar o orientando a se conhecer melhor e a conhecer melhor as necessidades reais do mercado de trabalho, para poder escolher uma profissão que compatibilize os seus desejos e aspirações de vida com os de realização profissional. É importante determinar o prazo em número de horas e/ou de oficinas que serão utilizadas para desenvolver um programa do início ao fim.

OBJETIVOS

São quatro ou cinco ações estratégicas que o POP terá para nortear a concretização da missão, de acordo com as condições situacionais de um determinado grupo. Por exemplo:

1 • encorajar o desejo de escolher ter uma profissão;
2 • estimular o autoconhecimento, com foco no reconhecimento do conjunto de talentos, habilidades e capacidades;
3 • facilitar o acesso às informações sobre profissões;
4 • usar recursos psicodramáticos para experimentar papéis profissionais.

METODOLOGIA

Trata-se da referência teórica que será empregada, dos detalhes e instrumentos que servirão ao cumprimento dos objetivos. Por exemplo: vivências com o uso de recursos psicodramáticos, tais como *role-taking, role-playing, role-creating*, jogos dramáticos e teatro espontâneo.

Ressalte-se:

- *ROLE-TAKING* como tomada de um papel ou adoção de um papel. Por meio dos jogos dramáticos, dramatizações, teatro espontâneo, o adolescente permite-se imitar um papel com base nos modelos disponíveis, exatamente conforme o estabelecido, como imitar um executivo, uma bailarina clássica etc.

- *ROLE-PLAYING* como jogo de um papel em que se pode explorar, simbolicamente, suas possibilidades de representação com alguma liberdade, alguma variação. Por exemplo tentar reproduzir um executivo que perdeu os sapatos na chuva ou uma bailarina clássica sambando no carnaval.

- *ROLE-CREATING* como desempenho de um papel criado de forma espontânea e com liberdade para atuar, como o adolescente que decide representar um executivo vestido de bailarina sambando no carnaval.

MATERIAL NECESSÁRIO

O planejamento deve prever todo o material a ser utilizado nas oficinas que compõem um POP: desde folhas de papel, lápis e esferográficas a aparelho de som e CDs, sem esquecer dos objetos intermediários, que ajudarão a compor o cenário em dramatizações (panos coloridos diversos e de diferentes tamanhos são muito úteis e ajudam a estimular a criatividade).

Orientação profissional

TEMAS

De acordo com o número de sessões, encontros ou oficinas, deve-se estabelecer um tema para cada uma delas – tema este que será o fio condutor das atividades. Será inspirado pelo cenário e pelas características do público-alvo, de forma a ajudar na motivação das atividades.

RESUMO DO PLANO POP

1 • Público-alvo: definição das características de um grupo de pessoas.

2 • Cenário: conjunto de condições do meio que determinam as diferenças de um grupo.

3 • Visão do orientador: aspiração que orientará a construção de ações de um POP.

4 • Missão do orientador: o propósito e guia para a ação do orientador profissional.

5 • Objetivos: descrição das ações que tornarão viável a realização da missão.

6 • Metodologia: referencial teórico em que baseará sua ação.

7 • Material: recursos necessários para o desenvolvimento do plano de ação.

8 • Temas: frase-chave que será o fio condutor de cada oficina.

CAPÍTULO 5

Construção de um Plano POP

O PROJETO TÉCNICO do Programa Orientação Profissional – POP aqui descrito foi elaborado para ser desenvolvido em oito oficinas, com duração de três horas cada uma, com intervalo de quize minutos, ocorrendo uma vez por semana, durante oito semanas subseqüentes. Atende bem ao trabalho com adolescentes da faixa dos 14 aos 16 anos, do último ano (8ª série) do ensino fundamental e, com pequenos ajustes, pode atender à população que cursa o ensino médio.

PÚBLICO-ALVO

Vinte e oito estudantes de 8ª série do ensino fundamental de escola pública, com idade entre 14 e 15 anos, meninos e meninas. Classe média e média baixa.

CENÁRIO

População urbana, filhos de funcionários de uma fábrica de tintas, vivendo em um pequeno município do interior, a pouco mais de vinte quilômetros da cidade de São Paulo, em região com muitas indústrias. Há recursos e escolas técnicas e universitárias a menos de cinqüenta quilômetros, mas nem todos os jovens têm boas perspectivas de continuar estudando após o final do ciclo de ensino fundamental. Alguns já trabalham ou trabalharam em ocupações simples como entregador de pizza e empacotador em supermercado. Condições sociais do meio apontam convivência com cenas de banalização da violência. Têm algum acesso a lazer, arte e cultura, mas são bastante influenciados por programas de televisão, tipo *reality shows*. Alimentam a ilusão de vencerem na vida e se tornarem ricos e famosos em profissões como "artista" de televisão, jogador de futebol, modelo, cantores e atrizes de novelas.

VISÃO DO ORIENTADOR

O POP despertará nos jovens o desejo de construir um projeto de vida dentro das possibilidades reais de formação escolar, pelo menos de nível técnico. Incentivará o uso da espontaneidade e a criatividade como recursos para a escolha de profissão e ferramentas para serem usadas até que se tornem, de fato, profissionais.

MISSÃO DO ORIENTADOR

Favorecer a escolha da profissão, estimulando a construção do projeto de vida mediante o entendimento do caminho que leva alguém a se tornar um bom profissional. Prazo: oito oficinas de três horas cada uma, uma vez por semana.

OBJETIVOS

1 • Incentivar o sonho de realizar-se profissionalmente.

2 • Encorajar a vontade de aprender continuamente.

3 • Estimular o autoconhecimento, com foco no reconhecimento de aspectos da personalidade e no conjunto de talentos, habilidades e capacidades.

4 • Facilitar o acesso às informações sobre profissões e esclarecer as exigências do mercado de trabalho.

5 • Experimentar a construção de um projeto de vida.

METODOLOGIA

Oficinas vivenciais com o uso de recursos psicodramáticos tais como *role-taking, role-playing, role-creating,* jogos dramá-

Orientação profissional

ticos, dramatizações e teatro espontâneo. Todas as oficinas serão compostas de três fases: 1 • aquecimento, 2 • ação, 3 • compartilhamento.

No aquecimento, preparamos o grupo para as atividades da oficina por meio de exercícios de respiração, de conversas descontraídas, de estímulos à participação ativa, de modo a atingir um clima amistoso focado na ação.

Na ação, desenvolvemos a(s) atividade(s) principal(is), as dramatizações, os jogos dramáticos etc.

No compartilhamento, falamos sobre tudo que foi vivenciado e firmamos os compromissos para as oficinas seguintes.

MATERIAL NECESSÁRIO BÁSICO
1 • Papel sulfite
2 • Caneta esferográfica
3 • Lápis preto e lápis de cor
4 • *Flip chart* e canetas hidrográficas
5 • Aparelho de som
6 • Quadro-negro e giz
7 • Revistas e jornais usados
8 • Sucata
9 • Cola
10 • Fita adesiva
11 • Pasta com elástico

MATERIAL NECESSÁRIO INTERMEDIÁRIO
1 • Cópias da ficha "Quem eu sou"
2 • Cadernetas "Amigo virtual"
3 • Espelhos
4 • Canetas Bic com tampa
5 • CDs de músicas especialmente gravadas
6 • Novelo de lã colorida

7 • Barbantes cortados em tiras de 2,5m e duas garrafas de leite de dois litros

8 • Vendas para os olhos, panos

9 • Brindes para premiação em jogos de competição

10 • Jogo das fichas das profissões corriqueiras especialmente preparado

11 • Jogo das profissões técnicas e tecnológicas especialmente preparado

12 • Cópias da ficha de avaliação

TEMAS ESCOLHIDOS PARA AS OFICINAS

1ª OFICINA: O reconhecimento do eu e do outro – Respeito às diferenças

2ª OFICINA: Vida em sociedade – Trabalho e lazer

3ª OFICINA: Todos nós somos comunicadores

4ª OFICINA: Viver é escolher

5ª OFICINA: Vencendo limites

6ª OFICINA: O que eu quero ser

7ª OFICINA: Como chegar lá

8ª OFICINA: O que ficou de tudo isso

CAPÍTULO 6
Detalhando o Plano POP

1ª OFICINA

TEMA: O reconhecimento do eu e do outro – Respeito às diferenças

A • AQUECIMENTO

1ª FASE: Apresentação individual

1 • Quem são vocês?

2 • Quem é das escolas do município (escola 1, 2 e 3)?

3 • Quem é colega de sala de aula na 8ª série?

4 • Quem quer continuar estudando?

5 • Quem vai para o ensino médio?

6 • Quem vai para o ensino médio profissionalizante? Técnico?

7 • Quem vai apresentar quem?

8 • Qualquer jogo de apresentação.

2ª FASE: Apresentação de quem somos e do nosso trabalho com eles.

1 • Explicar nosso entendimento sobre ética e cidadania para o grupo. Como podemos ser iguais e nos respeitar: aqui explicamos que vamos sempre trabalhar descalços. Criaremos um ritual lento, silencioso (prestando atenção nos gestos) e respeitoso (não fazer chacota se alguém estiver com meia furada, por exemplo) de se descalçar e guardar sapatos e meias em lugar apropriado até o fim da oficina.

2 • Distribuir o caderno que chamaremos de "Amigo virtual", ou AV, com o qual eles "conversarão" (escreverão como se fosse um diário) após cada oficina, em casa (representa a nossa presença com eles no dia-a-dia, e, se quiserem, podem dar um nome próprio ao "Amigo virtual").

3 • Firmar um "contrato de trabalho" com algumas regras tais como horário das oficinas e do intervalo. Eventualmente, podemos estabelecer juntos – grupo e diretor – outras regras. Por exemplo "quando um colega pedir a palavra, todos nós olharemos para ele e ficaremos em silêncio para ouvirmos o que ele tem a dizer".

4 • Entregar a ficha de identificação, para ser preenchida e devolvida no ato (ver quadro "Quem sou eu?").

QUEM SOU EU

1 • Nome completo ....
2 • Nome ou apelido pelo qual gosto de ser chamado ....
3 • Tenho esse nome porque. ....
4 • Se eu fosse uma flor, eu seria.....................................
5 • Se eu fosse um bicho, eu seria ....
6 • Se eu fosse uma pedra preciosa, eu seria ....
7 • Idade................................ Data de nascimento ...../...../....
8 • Lugar (cidade) em que nasci.......................................
9 • Endereço completo de onde moro ....
10 • Moro com (todas as pessoas da casa)..............................
11 • Escola onde estudo...
12 • Há quanto tempo estou nesta escola? ....
..................Estou na................... série...................

Data...../...../....
Assinatura...

3ª FASE: (com música – o que se repetirá por todas as oficinas)
1 • Propor andar descalço, de vários jeitos, observando e sentindo cada parte da sola dos pés, os calcanhares, o arco, os dedos, cada um dos dedos em separado. Observar os pró-

prios pés e, depois, os pés dos outros. Semelhanças e diferenças (lembrar que nenhum é melhor ou pior, é simplesmente diferente).

2 • Explicar o primeiro exercício de respiração, o dos três tempos (inspirando até encher os pulmões de ar, sentindo-os crescer; segurar a respiração, jogar o ar dos pulmões para a barriga e, depois, para os pés, só, então, começar a soltar o ar bem devagar, pela boca).

B • AÇÃO
JOGO DA MUDANÇA DE PARADIGMAS. Entregar material: espelhos.

INSTRUÇÃO: "Caminhar pela sala olhando onde pisa somente pelo espelho (sair, caminhar até a sala ao lado, tendo o teto como referência, e voltar). Fazer isso em silêncio, mas observando o que acontece e o que sente. Depois, vão se sentar no chão, pegar uma prancheta com folhas de papel e caneta e escrever sobre o que observaram e vivenciaram".

MATERIAL: espelhos, cadernos, canetas, CD de músicas, aparelho de som para tocar CD, pasta para cada um, folhas sulfite.

C • COMPARTILHAR
Comentar tudo que foi vivido. Premissa básica: "O mundo não é só do jeito que a gente enxerga". Usar música do Dominguinhos e Manduka, "Quem me levará sou eu", que faz referência à individualidade, à solidariedade e a outras realidades.

D • INTERVALO

A • AQUECIMENTO
1ª FASE: Respirar e se espreguiçar delicadamente.

1 • Rememorar o que foi feito antes do intervalo e partir para nova atividade:

B • AÇÃO

JOGO DO OLHAR-SE. Retomar os espelhos. Desta vez, espelho em uma mão, lápis e papel na outra.

> **INSTRUÇÃO:** "Observe seu rosto e escreva o que vê sobre você mesmo. O que gosta fisicamente e o que não gosta, fazendo silêncio, em três minutos".

JOGO DO RESPEITO E AUTO-ESTIMA. Duas fileiras, dispostas de modo que todos possam se sentar de frente uns para os outros.

> **INSTRUÇÃO:** "Andem rápido ao som da música e, quando esta cessar, procurem um lugar para se sentar".

Depois de alguns "anda/congela/senta", determina-se quem vai observar quem (respeitando a regra de observado e observador estarem sentados um à frente do outro).

> **INSTRUÇÃO:** "Observe o colega com muito respeito e escreva o que vê de positivo nele e o que gosta nele".

C • COMPARTILHAR

COMENTAR O RECONHECIMENTO de si mesmo, do outro, respeito, comprometimento. Ler ou falar sobre o que viu no outro. Em silêncio e de olhos fechados, pensar no que o outro viu em você.

Para a próxima oficina trazer: conversa escrita com o amigo virtual: relembrar o que fizemos, escrever o que sentiu, escrever as dúvidas, o que foi legal e o que foi chato.

Orientação profissional

QUEM ME LEVARÁ SOU EU*
(Manduka / Dominguinhos)

Amigos a gente encontra
O mundo não é só aqui
Repare naquela estrada
Que distância nos levará

As coisas que eu tenho aqui
Na certa terei por lá
Segredos de um caminhão
Fronteiras por desvendar
Não diga que eu me perdi
Não mande me procurar
Cidades que eu nunca vi
São casas de braços
A me agasalhar

Passar como passam os dias
Se o calendário acabar
Eu faço contar o tempo outra vez,
Sim, tudo outra vez a passar

Não diga que eu fiquei sozinho
Não mande alguém me acompanhar
Repare a multidão precisa
De alguém mais alto a lhe guiar

Quem me levará sou eu
Quem regressará sou eu
Não diga que eu não levo a guia
De quem souber me amar.

* Fonte: www.mpbnet.com.br/musicos/dominguinhos/letras.

2ª OFICINA
TEMA: Vida em sociedade – Trabalho e lazer

A • AQUECIMENTO
1ª FASE: Após tirar os sapatos e colocá-los em lugar adequado, pedir um *feedback* da oficina anterior, com conversa baseada no que escreveram no caderninho denominado amigo virtual.

2ª FASE: Caminhar refletindo. Instrução: "Conversei ou não comigo mesmo?" Quem fez pode parar; quem não fez continua andando e pensa por que é que não fez. Quando já tiver uma resposta, pode parar. Fazemos uma roda, respiramos, sentamos no chão. Pergunta: "Quem quer contar o que escreveu (lembrar responsabilidade, direitos, deveres)?

3ª FASE: Respirar, caminhar, deitar no chão. Jogo de visualização: imaginar-se dentro da barriga da mãe.

B • AÇÃO
INSTRUÇÃO: "Vamos lembrar todos os fatos importantes da nossa vida e selecionar alguns (dirigir os pensamentos). Quando estiverem prontos, sentem-se e esperem".

INSTRUÇÃO: "Vamos escrever os fatos mais importantes da nossa vida em uma linha do tempo."

MINHA LINHA DO TEMPO

Descrever os fatos mais marcantes da sua vida que lhe vieram à lembrança

- De 1 aos 6 anos ....
- Dos 7 aos 10 anos ....
- Dos 11 aos 15 anos ....

Orientação profissional

D • INTERVALO

A • AQUECIMENTO

Após os exercícios de andar, respirar e alongar, estimular a turma a trabalhar em grupo.

B • AÇÃO

JOGO DESAFIO DA GARRAFA. Explicação da atividade, lembrando que, tanto para o trabalho como para o lazer, sempre vivemos em sociedade, sendo que essa sociedade deve estar harmonizada por determinados objetivos. Proposta: "Vocês topam fazer uma brincadeira para trabalharmos em equipe?" Explicações para a execução do jogo e regras deverão estar bem claras.

INSTRUÇÃO: "Cada equipe, com as pessoas unidas pelo barbante, vai tentar colocar uma caneta dentro da garrafa".

MATERIAL: barbantes cortados em tiras de 2,5m, duas garrafas de leite vazias de dois litros, vendas para os olhos, canetas Bic com tampa.

C • COMPARTILHAR

COMENTAR O QUE perceberam que precisam para viver em sociedade; para alcançar um objetivo; importância das diferentes formas de comunicação para trabalhar em equipe; importância da perseverança, do empenho, do bom humor, da solidariedade, da criatividade, da obediência às regras. Como se sentiu na barriga da mãe? E lembrando os fatos da infância?

Comentários finais: Conversa com o AV em casa: conversar com os pais ou responsáveis, professores, amigos sobre o exercício e escrever o que sentiu depois de tudo.

3ª OFICINA
TEMA: Todos nós somos comunicadores

A • AQUECIMENTO
1ª FASE: Após caminhar, respirar e alongar, levá-los a pensar nas profissões que conhecem. "Quem se lembra, de imediato, mais de três profissões diferentes? De cinco? De seis?"

2ª FASE: Anotar e agrupar as profissões que conhecem em função do átomo social. Conversar sobre elas em grupos.

B • AÇÃO
JOGO DAS PROFISSÕES CONHECIDAS – adivinhe o que faz o... (utiliza-se um jogo de fichas com nome das profissões e a descrição da função do profissional). Dividir os adolescentes em quatro grupos e distribuir as fichas igualmente entre os grupos. Cada grupo lê todas as suas fichas e escolhe três delas para ensaiar e dramatizar por mímica, de maneira que o outro grupo possa adivinhar. Se o grupo que fez a mímica não conseguir que o outro grupo adivinhe, perderá ponto. A idéia é que todos saiam ganhando e que não haja grupo perdedor.

MATERIAL: papel sulfite, caneta, fichas das profissões, *flip chart* e caneta hidrográfica.

D • INTERVALO

A • AQUECIMENTO
Após caminhar, respirar e alongar, *Jogo de motivação:*"Vamos brincar de ser jornalistas. Topam?"

Orientação profissional

B • AÇÃO

BRINCAR DE SER JORNALISTA. "Aula de jornalismo". Criar cenas com jornalistas e profissionais (incentivar *role-taking* e *role-playing*). A missão dos "repórteres" será entrevistar os pais, conforme roteiro a seguir:

ROTEIRO DE ENTREVISTA COM OS PAIS
(Fazer com pai, mãe ou responsável. Trazer editado no computador.)

1 • IDENTIFICAÇÃO: nome, idade, profissão.
É alfabetizado? Até que série estudou? Começou a trabalhar muito cedo? Que função exerceu até agora? Por que mudou de função? Mudou muito de emprego? Que empregos teve? Acha que é bem-sucedido no trabalho? O que espera do atual trabalho? Gostaria de continuar estudando?

2 • FAMÍLIA: Tem um(a) companheiro(a)? Quem é? O(A) companheiro(a) também trabalha? Em quê? Gosta que o(a) companheiro(a) trabalhe?
Número de filhos, idade dos filhos. Tem filhos que trabalham? Começaram a trabalhar com que idade? O que fazem? Eles continuam estudando?

3 • MOTIVAÇÃO: O que o pai acha do Programa de Orientação Profissional?
O que esperam que o filho aprenda no projeto?
Como acha que isso vai ajudar na vida do filho?
O que pensa que pode fazer para ajudar o filho a colocar em prática tudo que está aprendendo?

C • COMPARTILHAR

Explicar o motivo da entrevista com os pais: envolvê-los no programa de orientação profissional.

4ª OFICINA
TEMA: Viver é escolher

A • AQUECIMENTO
1ª FASE: Caminhar, respirar. Fizeram a entrevista? Como foi o momento da entrevista? Os pais estavam relaxados, estavam descansados, bravos, impacientes? Não quiseram dar entrevista? Quem foi mais gostoso de entrevistar (pai ou mãe)? Por quê?

2ª FASE: Roda: quem quer comentar a entrevista?

B • AÇÃO
Sob orientação no *flip chart*, fazer uma redação com texto "jornalístico". Com som baixinho, eles escreverão o primeiro texto.

MATERIAL: folhas de sulfite, caneta, música suave, *flip chart*, hidrográficas, aparelho de som e cartelas do *Jogo das profissões*.

D • INTERVALO

A • AQUECIMENTO
Respirar, ler e discutir o levantamento das profissões. Armar árvore das profissões por área (comércio, indústria, serviços, administrativa, técnica, biológicas, humanas, exatas, saúde, turismo, telecomunicações, construção, arte, transporte, computação, educação, agricultura). Dividir em grupos com profissões iguais ou semelhantes. Buscar outras profissões que eles escolherem entre aquelas existentes no jogo de profissões.

Orientação profissional

B • AÇÃO
Jogo dramático em grupos: montar uma história com as profissões levantadas. Escrever a história, contar. Escolha para encenação. Cenas. Teatro espontâneo.

C • COMPARTILHAR
Conversa escrita com o AV: pensar no seu futuro. O que gostaria de ser? O que gostaria de estudar? Como imagina dividir o tempo entre profissão e lazer? O que pensa sobre qualidade de vida? Quais os sonhos? As dificuldades da realidade? Como pensa em vencê-las? Escrever.

5ª OFICINA
TEMA: O que eu quero ser

A • AQUECIMENTO
1ª FASE: Caminhar, respirar. Pensar na oficina anterior nas cenas, nas dificuldades, nas possibilidades de ampliar os limites.

2ª FASE: Exercício de conscientização corporal, tempo/espaço. Criação de seu círculo de luz, cor e proteção.

B • AÇÃO
Teatro dirigido, com técnica de Jornal Vivo[12]. Levar recortes de matérias com profissionais de várias áreas e recortes de classificados de empregos. Também retomar o *Jogo das profissões*.
Dividir em grupos por áreas de interesse. Propor discussão das matérias, possibilidades, sonhos e realidade. Anotar.

---

[12] Jornal Vivo: técnica criada por Moreno pela qual, com base no estímulo emocional emergido da leitura das notícias de jornal, se propõe a realização de uma dramatização.

D • INTERVALO

A • AQUECIMENTO
De acordo com a necessidade.

B • AÇÃO
Jogo dramático: montar uma história de realização positiva, com participação de profissionais das várias áreas do conhecimento. Escolha; encenação; teatro espontâneo.

C • COMPARTILHAR
Observar o entorno. Conversar com o AV em casa.

6ª OFICINA
TEMA: Vencendo limites

A • AQUECIMENTO
1ª FASE: Caminhar, respirar. Pensar no que "conversou" com o AV. O que pensou sobre seu futuro. Os sonhos, as dificuldades que levantou.

2ª FASE: Em roda, no chão, "Quem quer falar?".
Falar das dificuldades, da atenção, concentração e criatividade que abre espaço para vencermos limites.

B • AÇÃO
JOGO EU GOSTO DE... (ver quadro nas páginas 117-119)
Depois disso, dividir em grupos por semelhança de objetivo (eu quero). No grupo, trocam as folhas. Depois de lidas, um ajuda o outro a pensar na realização dos sonhos. Listar atitudes que ajudam a realização dos sonhos em grupo.

D • INTERVALO

A • AQUECIMENTO
Comentários sobre a atividade anterior.

B • AÇÃO
Redação seguida de dramatização. Tema: "O que preciso fazer para realizar meu sonho profissional?" Fazer uma redação em dez minutos. Voltar para os grupos, ler entre si. Montar uma lista das atitudes a serem adotadas e das dificuldades para a realização. Relatar; escolher cenas; trabalhar cenas das dificuldades; teatro espontâneo.

F • COMPARTILHAR
Comentários e missão: Descrever no AV suas impressões sobre esta atividade.

7ª OFICINA
TEMA: Como chegar lá

A • AQUECIMENTO
1ª FASE: Caminhar, fazer o círculo, escolher uma pedra ou metal para ser. Escrever: "Eu sou... ouro, bronze, prata, estanho, diamante, esmeralda, rubi, safira, pérola, zirconita, água-marinha etc." (O objetivo é estimular a auto-estima.)

2ª FASE: *Jogo da memória* (concentração, atenção, criação de mecanismos próprios de atenção e memorização, cooperação.

B • AÇÃO
1 • Retrospectiva de todas as atividades desenvolvidas. Numa tira de papel, cada um escreve uma palavra sobre seu futuro profissional (sem maiores explicações). Cada um fala sua palavra, que será anotada no *flip chart*. Fazemos, junto com eles, as associações de idéias.

2 • Em grupos, com as palavras, discutem o futuro.
3 • Retomam a linha do tempo e preenchem com missão, objetivos, estratégia e planejamento, por período.

D • INTERVALO

A • AQUECIMENTO
Comentários sobre a primeira parte da oficina.

B • AÇÃO
Psicodrama interno adaptado: "Vamos para o futuro". Em folhas de papel sulfite, vamos escrever uma carta para um colega desse grupo de quem você não tinha notícias há vinte anos. Portanto você tem 35/36 anos de idade. Esse colega está muito bem, constituiu família, tem uma boa profissão e quer muito saber de você.

INSTRUÇÃO: "Você vai escrever uma carta para ele contando o que aconteceu na sua vida durante todos esses anos e como você está agora".

C • COMPARTILHAR
Estimular missão extraclasse: fazer auto-avaliação visando à avaliação final na próxima oficina. Caso queiram, podem "conversar" mais com o AV.

LINHA DO TEMPO FUTURO

Descrição dos meus projetos e estratégias para conseguir realizá-los

- Dos 16 aos 20 anos ....
- Dos 21 aos 30 anos ....
- Dos 31 aos 40 anos ....

Orientação profissional

8ª OFICINA
TEMA: O que ficou de tudo isso

A • AQUECIMENTO
Caminhar, respirar, círculo de luz, pedra preciosa. "Como estão se sentindo, sabendo que este é nosso último encontro. Como foi conversar com o amigo virtual. Em silêncio e de olhos fechados vamos pensar como foi fazer a avaliação?"

B • AÇÃO
Colagem individual, representativa do trabalho desenvolvido.

MATERIAL: folhas de papel sulfite, colas, tesouras, revistas antigas, lápis-cera de cor, novelo de lã colorida, sucata, fita adesiva, fita crepe...

Apresentação de cada trabalho. Significado individual.

INSTRUÇÃO: "Escrever uma mensagem para os pais, ou responsáveis, sobre o que espera que essa pessoa faça para ajudá-lo a atravessar o caminho até se tornar um profissional adulto".

D • INTERVALO

Avaliação de desempenho:
1 • Rever roteiro que será objeto de análise e síntese. A importância de cada um fazer isso é ter coragem de olhar para o próprio desempenho, se houve dedicação, se houve comprometimento, aproveitamento. O que levo daqui para sempre.
2 • Últimos 40 minutos: Reunião com os pais e RH.
MÚSICA DO GONZAGUINHA: "Guerreiro menino". Distribuir a letra para todos cantarem.

OBJETIVO: O valor do trabalho, do empenho, do comprometimento, do sonho, da busca de realização.
MÚSICA "Sonho impossível", com Maria Bethânia. Distribuir letra.
OBJETIVO: Estimular o sonho e a busca de realização

AVALIAÇÃO

Roteiro de avaliação de .... (nome)

1 • O que sentia enquanto eu
a) participava das oficinas ....
....
b) realizava as tarefas solicitadas ....

2 • Antes de iniciar este módulo, em relação ao meu futuro
e às possibilidades de profissões eu me sentia...............................
....
porque ....
....

3 • Depois de conhecer um pouco mais sobre o mundo das
profissões e as necessidades de preparo para vencer na vida eu
estou me sentindo...
porque ....
....

4 • De tudo que pude vivenciar, o que eu tenho certeza de que vou
levar como lição de vida é..
....
porque ....

5 • Nesse módulo, senti falta de ....

6 • As atividades de que mais gostei...
porque ....

Orientação profissional

> **7** • As atividades de que menos gostei ....
>
> porque ....
>
> **8** • Auto-avaliação (De zero a dez).
> Mereço, pela minha participação, meu comprometimento, meu
> aproveitamento, a nota ....
>
> **9** • Avaliação do desempenho geral (monitoras e grupo). Nota ....
>
> **10** • Gostaria de acrescentar alguma sugestão ou crítica ....
> ....

GUERREIRO MENINO*
Composição: Gonzaguinha

Um homem também chora
Menina morena
Também deseja colo
Palavras amenas
Precisa de carinho
Precisa de ternura
Precisa de um abraço
Da própria candura
Guerreiros são pessoas
São fortes, são frágeis
Guerreiros são meninos
No fundo do peito
Precisam de um descanso
Precisam de um remanso
Precisam de um sonho
Que os tornem perfeitos

* Fonte: www.gonzaguinha.letras.terra.com.br

É triste ver este homem
Guerreiro, menino
Com a barra de seu tempo
Por sobre seus ombros
Eu vejo que ele berra
Eu vejo que ele sangra
A dor que traz no peito
Pois ama e ama
Um homem se humilha
Se castram seu sonho
Seu sonho é sua vida
E a vida é trabalho
E sem o seu trabalho
Um homem não tem honra
E sem a sua honra
Se morre, se mata
Não dá pra ser feliz
Não dá pra ser feliz

SONHO IMPOSSÍVEL*
Composição de J. Darion e M. Leigh – versão: Chico Buarque/Rui Guerra

Sonhar mais um sonho impossível
Lutar quando é fácil ceder
Vencer o inimigo invencível
Negar quando a regra é vender
Sofrer a tortura implacável
Romper a incabível prisão
Voar num limite improvável

* Fontes: www.letras.terra.com.br e www.brasileirinho.mus.br

Tocar o inacessível chão
É minha lei, é minha questão
Virar este mundo, cravar este chão
Não me importa saber
Se é terrível demais
Quantas guerras terei que vencer
Por um pouco de paz
E amanhã se este chão que eu deixei
For meu leito e perdão
Vou saber que valeu
Delirar e morrer de paixão
E assim, seja lá como for
Vai ter fim a infinita aflição
E o mundo vai ver uma flor
Brotar do impossível chão

CAPÍTULO 7

A realidade de um projeto executado

1ª OFICINA: QUEM SOU EU?

Desde o primeiro encontro, deparei com dificuldades que pude superar recorrendo ao ensinamento básico de Moreno: o uso da espontaneidade e da criatividade. Apesar de bastante planejado, tive que fazer adaptações no "aqui-agora" das sessões, como é possível ver na descrição abaixo e comparar com o planejamento do capítulo anterior.

Encontrei uma turma bastante motivada pelo curso ministrado antes do Programa de Orientação Profissional, também baseado no teatro espontâneo de J. L. Moreno. Os jovens haviam adorado fazer teatro espontâneo. Como assisti à apresentação final desse módulo, percebi – pelas suas criações teatrais – que a realidade em que viviam era marcada por violência, falta de amor e afetividade, necessidade de aceitação na turma, demonstrações de rebeldia, valentia (covardia?), drogas, desrespeito, enfim, comportamentos nada éticos.

Havia, por parte dos adolescentes, muita expectativa de que o Programa de Orientação Profissional se desenvolvesse ao sabor dos acontecimentos, tanto quanto o anterior, cujo objetivo era trabalhar a espontaneidade e soltar a criatividade deles, a fim de que pudessem receber informações sobre profissões e se prepararem para fazer escolhas para a própria vida. De fato, esse módulo foi de grande valia para deixá-los em campo relaxado, para que sua espontaneidade pudesse fluir.

No nosso caso, porém, havia um diferencial básico: eles deveriam produzir novas cenas dramáticas, mas agora focadas em temas que os obrigariam a pensar, refletir e construir cenas vividas ou ligadas ao mercado de trabalho real já conhecido.

Fundamentalmente, deveriam adquirir novas informações sobre profissões até então desconhecidas e, com elas, desenvolverem histórias e cenas dramáticas, com o objetivo de apreenderem novas possibilidades reais de ocupações que pudessem vir a exercer um dia (role-taking, role-playing e role-creating). Tudo isso, dentro de padrões éticos, de respeito a si mesmo e ao próximo.

Em função disso, já no primeiro encontro – com o tema "Quem sou eu?" – valendo-me de uma pesquisa prévia que fiz sobre o significado do nome de cada um deles, pude valorizá-los na sua individualidade e, com isso, disparar o primeiro movimento de auto-estima.

Como?

Depois do aquecimento básico, em que cada dupla conversava entre si e um me apresentava o outro, fui agregando valor à figura de cada indivíduo, exaltando a origem de seus nomes. Em seguida, para começar a envolver os pais no processo de orientação profissional dos filhos, pedi que perguntassem a eles por que é que receberam aquele nome. O objetivo era envolver os pais na provável mudança de comportamento com relação ao diálogo, ao respeito, ao vínculo afetivo, além de dar motivo para eles exercitarem o ato de escrever.

Escrever no Amigo virtual – algo que poderia ser tradicionalmente chamado de "lição de casa", o que, certamente, teria uma conotação pouco divertida – virou um prazer, pois deveriam trazer, por escrito, o que os pais falaram sobre os filhos com uma conotação amorosa e positiva, para conversarmos sobre o que cada um aprendeu sobre si mesmo nessa simples conversa caseira.

Após as apresentações iniciais e a concordância do contrato de trabalho que iríamos desenvolver, dei como instru-

Orientação profissional

ção: "Vamos tirar os sapatos e as meias, caminhar pela sala, sentir como os pés tocam o chão, que partes dos pés tocam mais forte etc. Vamos olhar os nossos próprios pés, os pés dos colegas. Depois, vamos olhar uns aos outros, observando-nos e parando no lugar em que se sentirem confortáveis. Aí, vamos fazer um exercício de respiração, levando o ar dos pulmões para a barriga e da barriga para os pés". Começaram bem, mas no momento da respiração foi difícil aceitarem a proposta. Todos começaram a gargalhar, a fazer gracinhas e não acreditaram ser possível. Então, tive que reinventar o exercício, de forma que eles pudessem sentir e perceber que era possível.

NOVA INSTRUÇÃO: "Vamos todos deitar no chão, colocar a mão direita sobre o peito e a esquerda sobre a barriga. Vamos encher os pulmões de ar, prender a respiração e perceber, com a mão, que o peito expandiu. Ainda com a respiração presa, vamos empurrá-la para a barriga e perceber, com a outra mão, que o ar chegou até lá. E mais, vamos empurrar esse ar até os pés!"

De um em um fui orientando. Dei ao exercício o nome de *Respiração de três tempos*. Todos conseguiram, e riram de si e dos colegas. Expliquei a importância de se perceber o ar dentro do corpo – melhor circulação e melhor oxigenação – e de terem respeito pela forma diferente que cada um conseguiu sentir que era capaz. Esse exercício, e outros (agregados posteriormente), foram repetidos em todos os encontros. O resultado poderá ser constatado nas cartas do capítulo de anexos.

A ação, propriamente dita, desse primeiro encontro tinha por objetivo mostrar que o mundo pode ser visto, e vivido, por diferentes perspectivas além daquelas conhecidas por eles (a vida em uma cidadezinha muito perto de São Paulo, a violência e o mundo de fantasia imposto pela mídia, em especial, pelas novelas e pelo *reality shows*). Para isso, propus o *Jogo da mudança de paradigmas*. Entre risadas, e evidente curiosidade, eles toparam.

Esse jogo consiste em distribuir um espelho pequeno para cada um dos participantes. Em pé, cada um deles deve colocar o espelho deitado, com uma das extremidades sob o queixo, direcionar os olhos para o espelho e caminhar pela sala orientando-se apenas por esse novo meio. Assim, o teto vira referência de onde pisar e novas perspectivas surgirão. Ficaram maravilhados, ao final, percebendo que eles não mudaram a forma de andar e sim a forma de "olhar" para esta ação. E isso fez toda a diferença. Mas a "hora do lanche" impediu que pudéssemos compartilhar os sentimentos e sensações – o que fizemos mais tarde.

Após o intervalo do lanche, mostraram-se sonolentos e, então, retomamos as atividades com um reaquecimento cuja instrução foi: "Em pé, vamos formar uma roda, soltar as mãos, respirar fundo, e cada um vai dizer que sentimento quer 'jogar fora' neste momento. A cada expiração de alívio, um sentimento". Um por vez foi atirando fora os sentimentos que surgiram: raiva, sono, timidez, vergonha, cansaço, ignorância, ódio, dor, preguiça. O resultado é que se sentiram bastante aliviados, ficarando menos ansiosos, mais relaxados e tranqüilos. Também a desconfiança que pareciam trazer sobre a capacidade de fazerem coisas novas desapareceu.

Com o objetivo de prepará-los para a atividade de reconhecimento do eu e do outro, recorri ao processo descrito no trabalho apostilado denominado *Teoria de papéis* de Herialde Silva que, no capítulo "Desempenho de papéis", diz, "o conhecimento do corpo (como respiro, me movimento, falo etc.) dá condições para a evolução desse corpo (habilidades e possibilidades) no ambiente (jogando, montando, dramatizando etc.) e efetiva o desenvolvimento da mente (reflexão, meditação, *insights*, catarse, encontro etc.)".

Comecei com um exercício de autopercepção corporal e espacial, utilizando o desenho de Leonardo Da Vinci denominado "Homem Vitruviano", datado de aproximadamente 1492, que pode ser visto na Galeria della Accademia de Veneza (veja modelo no capítulo 3).

Coloquei o desenho no *flip chart* e expliquei que, usando a imaginação, poderíamos criar um círculo horizontal e outro vertical em torno de nós mesmos. "Vocês topam?"

Para formar o círculo horizontal, levei-os a formar, com os braços esticados para frente, um círculo em volta de si.

INSTRUÇÃO: "Vamos imaginar que nossas mãos seguram um balde de tinta com um pincel. Vamos molhar o pincel na tinta e, com uma mão, ficamos segurando o balde. Com a outra, vamos fazer um semicírculo até as costas (180 graus) e voltar bem lentamente, como se estivéssemos pintando um arco em volta de nós mesmos. Depois, vamos trocar de mãos e repetir o exercício do lado oposto a fim de completarmos um círculo todo".

NOVA INSTRUÇÃO: "Vamos observar o desenho de Da Vinci". Em seguida, pedi que todos, em pé, de olhos fechados, abrissem os braços e as pernas, à semelhança da figura que haviam visto, e imaginassem a si mesmos dentro de um círculo contendo um quadrado que eles pudessem tocar com as pontas dos dedos das mãos e as plantas dos pés. Expliquei que ambas as figuras geométricas ali seriam imaginárias, como imaginárias são as linhas geográficas chamadas meridianos e paralelos.

NOVA INSTRUÇÃO: "Abram os olhos e, sem saírem da posição, sintam, percebam agora o espaço que ocupam no Universo".

Pedi, então: "Sintam agora como se estivessem dentro de uma grande bola e imaginem que essa bola tem uma luz dentro dela." Concluí dizendo: "Visualizem esta bola como sendo todo o espaço que ocupam no Universo. Este é o espaço físico que cada um de nós ocupa. Um espaço sagrado que devemos cuidar para que ninguém desrespeite".

A reação do grupo foi ótima; perceberam-se grandes, expandindo os limites do próprio corpo, brincando com seu "grande" espaço, aceitando a sugestão de caminharem "dentro da bola", respeitando a "bola" do colega, tomando cuidado para não deixarem "as bolas" se tocarem. Este acabou sendo um divertido jogo de treinamento de respeito que eu não havia pensado antes.

Estavam prontos, então, para a atividade central de reconhecimento do eu: o *Jogo do olhar-se*. Sentados em roda, cada um dentro do seu espaço-bola, com um espelho na mão.

INSTRUÇÃO: "Observem o próprio rosto, perguntem-se 'o que vejo de melhor nele?'. Depois, anotem no AV".

A última fase do jogo era o reconhecimento do outro: olhar o colega sentado à direita de cada um, observá-lo respeitosamente e perceber uma coisa boa ou bonita que o outro tivesse. E anotar no AV.

Chegamos, então, à parte final do trabalho: um compartilhamento surpreendentemente rico. Aqui vão algumas observações feitas.

QUANTO À RESPIRAÇÃO:

"[...] foi um barato sentir a respiração dentro do corpo".

"[...] percebemos o que é nosso e o que é do outro".

Orientação profissional

"[...] me senti desconfortável descalço".

"[...] acho que a respiração ajuda a aumentar o fôlego".

"[...] pois eu acho que ajudou a relaxar".

"[...] estranho no começo, mas gostoso e confortável depois".

"[...] divertido ver ar dentro da barriga".

QUANTO À IMAGEM DE SI MESMO (RECONHECIMENTO DO EU):

"[...] não costumo parar para me observar. Foi interessante, mas fiquei enjoada de ver minha cara. Às vezes, não gosto do meu cabelo".

"[...] nunca tinha parado pra me olhar; me senti mais perto de mim mesmo".

"[...] parece que pude reparar como é lá dentro de mim".

"[...] hoje foi a vez mais diferente daqui do curso. Pude ver coisas novas. Como quase não olho no espelho, pude ver meus defeitos".

"[...] eu nunca tinha reparado o que gosto em mim. Não gosto de alguns detalhes. Mas ninguém é perfeito e o importante é que eu me gosto".

"[...] legal foi reparar que eu gosto da minha boca, que não tem uma expressão definida de alegria ou de tristeza".

"[...] percebi minhas qualidades. Gosto dos meus olhos porque eu não consigo mentir".

"[...] acho que nunca enxergamos o interno, que é importante, pois isso faz a gente descobrir que tem qualidades também".

QUANTO À IMAGEM DO OUTRO (RECONHECIMENTO DO OUTRO):

"Falei pra G. que ela tem nariz bonito e ela me disse que gosta mais das orelhas dela porque pode usar muitos brincos diferentes".

"Gosto do sorriso de F. Mostra que ele é sério, mas sabe ser amigo".

"Eu vejo de bom na C. seu jeito de se expressar e de estar sempre extrovertida".

"Gosto do olhar do A. Me passa sinceridade".

"O W. é sincero e quer pôr suas idéias pra fora, quer crescer na vida para ser alguém".

"Eu vejo no C. que ele é simpático, legal e parece ser divertido".

Para finalizar, perguntei quem sabia o que era orientação profissional e não obtive respostas. Perguntei se sabiam o que era visão de futuro e recebi, com surpresa, a resposta vinda de vários deles: "É enxergar a vida lá na frente".

Pedi que, durante a semana, escrevessem no AV tudo que passasse na cabeça deles sobre esse primeiro encontro: Quem sou eu? Quem é o outro? Quem escolheu meu nome? Como me senti? O que eu gosto em mim? O que eu gosto no colega que observei?

Saí com a sensação de que o segundo encontro – uma semana depois – seria desenvolvido conforme programado. Mas, claro...

2ª OFICINA: VIDA EM SOCIEDADE – TRABALHO E LAZER

Neste encontro chegaram três alunos novos que haviam faltado anteriormente. Tumulto normal de início de "aula". Iniciando o aquecimento pedi que se apresentassem. Pressenti que um dos novos, C., estava bastante triste e deprimido. Perguntei o que ele estava sentindo e, com bastante emoção, ele contou que havia passado por uma cirurgia nos olhos – para tentar corrigir o estrabismo – e "ninguém" lhe havia perguntado como tinha sido, como ele estava. Por isso ele entrou na sala extremamente magoado; e ainda estava enxergando mal.

Percebi um certo mal-estar em meio à algazarra, enquanto pedia para todos tirarem os sapatos e caminharem centrados em si mesmos. Não conseguia avançar. Imediatamente mudei a estratégia de aquecimento do dia. Pedi que todos se sentassem em roda e ouvissem o que C. tinha para nos contar de sua experiência com a cirurgia. Ele contou que sentiu medo, que ficou vários dias completamente "cego", que se sentiu sozinho muitas vezes, querendo vol-

Orientação profissional

tar para a companhia dos amigos da escola, e que estava com medo de não poder participar do programa de orientação profissional.

Propus, então, uma nova "brincadeira" que chamei, naquele momento, de *Jogo do guiar e ser guiado*: o clássico andar em duplas, estando um com os olhos vendados, sendo guiado pelo outro, e depois invertendo a situação. Após caminharem em silêncio, foram se olhando até pararem em frente a um colega para formarem duplas.

INSTRUÇÃO: "Peça licença ao colega para vendar-lhe os olhos e garanta a ele que você vai levá-lo para passear em segurança. Coloque a mão direita na cintura dele e, com a esquerda, segure a mão do amigo. Agora passeie com ele pela sala, procurando não tocar nas outras duplas".

Depois disso, sentamos e fizemos o compartilhamento. Perguntei sobre os sentimentos e as sensações que surgiram. Algumas respostas deles:

"Nossa, é muita responsabilidade guiar o outro!"

"A gente não foi solidário com o C.".

"Mas depois que a gente conversou a gente foi".

"Me senti bem ajudando quem precisa".

"Tive muito medo".

"Tive uma sensação de liberdade".

"O tempo todo eu achava que ia cair".

"Prefiro enxergar o tempo todo sem depender do colega".

Aproveitei para introduzir o tema do segundo encontro: *Vida em sociedade*. E propus uma reflexão, em pequenos grupos, sobre convívio, respeito, solidariedade, responsabilidade e comprometimento com o bem-estar próprio e do outro. Alguns pensamentos expressados pelos grupos:

"Devemos ajudar quem precisa".

"Ser responsável é ser solidário".

"É importante entender o sentimento do outro".

"Fazer o outro andar na vida é muita responsabilidade. Eu não consigo".

Propus que transportássemos essas situações para a vida real de cada um. Comentários:

"A gente é irresponsável quando mata aula".

"A gente não respeita quando a mãe manda ajudar a limpar a casa".

"Eu ajudo meu avô a caminhar porque ele tem dificuldade pra andar".

Fiz uma pesquisa: "Quem gostou de conduzir e quem gostou de ser conduzido?". O placar foi: dez acharam mais fácil conduzir e dezoito preferiram ser conduzidos – resultado bastante interessante, pois, de alguma forma, reforçou em mim a impressão sobre aqueles que eu já havia notado que se comportavam de maneira mais proativa, demonstrando características de liderança.

Depois do intervalo para o lanche, fizemos novo aquecimento e partimos para a segunda atividade central do dia, um jogo de visualização, que chamei de *Jogo da volta ao passado*: uma viagem interior para lembrar da vida já vivida. Criei essa atividade baseada, de certa forma, nos meus conhecimentos de fantasia dirigida, imaginação consciente, visualização e psicodrama interno.

O objetivo era fazê-los retomar o contato com a infância, a família, sua matriz de identidade, seu átomo social para, mais adiante, projetarmos o futuro.

Deitados no chão, olhos fechados, respirando suavemente, pedi para entrarem em contato consigo por meio da respiração (o ar entrando, percorrendo o corpo etc.).

Orientação profissional

INSTRUÇÃO: (Tudo muito lento e delicado no falar.) "Vamos viajar, viajar, vamos ficando pequenininhos, até entrarmos de volta na barriga da mamãe. Como estou? O que estou sentindo nesse lugar aconchegante e quentinho? Agora eu saí. Nasci. Como foi sair da barriga? Estou chorando? Estou mamando? Como começo a andar? O que eu como? Com quem e com que eu brinco? Quem cuida de mim? Agora estou com 6 anos e deixo passar na minha cabeça um monte de lembranças. Quais delas são as mais fortes? Agora vou me lembrando do tempo em que eu estava com 7, 8, 9, 10 anos... Que cenas vêm à minha memória? Quais delas eu lembro bem? Agora estou com 11, 12 anos. Como é a minha vida? E agora estou com 13, 14, 15 anos, do que me lembro bem?"

Cumprida essa etapa, dei um tempo para que todos pudessem fotografar na memória fatos relevantes. Com a instrução: "Que cenas foram marcantes na minha vida?"

Enquanto caminhava entre eles, percebia expressões de tristeza, de angústia mas também de conforto, de alegria nos rostinhos de olhos fechados. Suavemente, os fiz voltar à sala, abrir os olhos. Agora deviam, em silêncio, descrever as lembranças no papel já preparado com uma linha do tempo (quadro no capítulo anterior). Com um fundo musical suave, puseram-se a escrever, visivelmente emocionados.

Depois dessa atividade, no compartilhamento, a maioria expressou ter gostado de fazer a viagem interior, mas alguns demonstraram desconforto sobre a situação, evitando comentários. Estes vieram, mais tarde, no último encontro, como veremos nos comentários.

3ª OFICINA: VIVER É ESCOLHER

Chegaram animados, já bastante familiarizados com esse novo tipo de trabalho focado em orientação profissional. O aquecimento – caminhando descalços, pensando em si – foi sobre os acontecimentos da semana, como foi conversar com os pais sobre o nome que tinham recebido (na verdade, este seria o início do segundo encontro, mas tive de esquecer esse assunto em razão da história de C.).

Interessante notar que todos trouxeram alguma coisa escrita no AV. Gostaram de contar uns aos outros quem foi que escolheu o seu nome, por que foi que o recebeu etc. Com um certo orgulho, auto-estima elevada, comentaram o nome que cada um tinha recebido:

"Era o nome da minha avó".

"Minha mãe gostava do nome da moça da novela, então, escolheu esse nome pra mim".

"Foi meu pai que escolheu porque ele achava bonito esse nome pra homem".

"Meu pai disse que esse é um nome forte, de rei".

"Minha avó foi quem escolheu. Ela era devota do santo".

Aproveitei o momento para introduzir o tema desta oficina: *Viver é escolher.* Apesar de ter planejado outro tema, modifiquei-o para adequá-lo à necessidade de conduzir as oficinas antecipando a introdução de atividades baseadas no teatro espontâneo.

A proposta era, por meio da leitura do texto "A escolha de João" (ver quadro da p. 109), que eles criassem suas próprias histórias e as encenassem. O objetivo era chamar a atenção para a responsabilidade das escolhas individuais.

O texto foi lido aos poucos, com cada um de nós lendo um parágrafo. Após refletirmos juntos sobre o conteúdo, propus um jogo dramático: dividi a turma em quatro grupos distintos (por sorteio) e dei a instrução: "Cada grupo vai criar uma história sobre escolhas, montar uma cena e representá-la".

Animados com a dramatização que viria dali, reuniram-se e criaram cenas que também denunciavam o conhecimento da realidade em que viviam. Em resumo:

GRUPO VERMELHO • Sobre escolha profissional. Na sala de aula, um grupo de alunos faz bagunça enquanto outro escolhe prestar atenção ao que a professora fala. Anos depois, todos se encontram e conversam sobre a vida de cada um. Os que aproveitaram a orientação que receberam na escola e estudaram estavam formados e bem empregados. A turma que escolheu ficar na bagunça estava sem emprego ou virou "peão de obra".

GRUPO AZUL • Um casal encontra-se com outro, que oferece drogas e ameaça cortar a amizade caso a oferta seja recusada. O primeiro casal, para "não perder os amigos", escolhe se drogar junto. Todos saem prejudicados, "numa boa".

GRUPO VERDE • Um grupo de amigas conversa sobre o pedido que cada uma fez a Deus. Como Deus não realizou os desejos almejados, elas falam da frustração que sentiram e escolhem não acreditar mais em Deus.

GRUPO AMARELO • Dois amigos encontram um terceiro e o convidam para irem até um terreno baldio fumar um baseado. O terceiro amigo não topa, diz que não aceita esse tipo de coisa e é empurrado pelo mais malandro. Termina dizendo "eu escolho ser careta".

Todos os grupos apresentaram suas cenas e todos foram aplaudidos. Nos comentários, surpreendentemente, consideraram erradas as escolhas que fizeram em favor das drogas. Em alguns, cresceram os comentários sobre crer ou não em Deus, pois há bastante influência das religiões evangélicas no grupo.

Após o intervalo, passei para a segunda atividade do dia, introduzindo um jogo dramático que chamei de *Jogo das profissões conhecidas*. Esse é um jogo que deve ser criado de acordo com a realidade local de cada grupo que vai passar por um programa de orientação profissional. De acordo com o universo conhecido – que será trabalhado em dramatizações – vamos ampliar para os novos conhecimentos. Dele constam, entre outras: professora, vendedor, mecânico, metroviário, motorista, policial, carteiro, camareira, vidraceiro, cabeleireira, aeromoça, corretor etc. Constam, também, nomes de ocupações ou funções: gerente de banco, gerente de RH, supervisor de fábrica, coordenador de turno, assistente de marketing, auxiliar de escritório etc.

O *Jogo das profissões conhecidas* compõe-se de fichas com o nome das profissões e a descrição da função do profissional. Os jovens foram divididos em quatro grupos e cada um recebeu certo número de fichas, que deveriam ser lidas e discutidas, deixando evocar, espontaneamente, o que cada um sabia sobre a profissão ali contida. Depois, o grupo deveria combinar uma característica específica da profissão, ensaiá-la como dramatização e apresentá-la utilizando mímica, de maneira que o outro grupo pudesse adivinhar que profissão representavam.

Por causa do tempo quase esgotado, exploramos pouco as alternativas deste jogo, nesta oficina, mas pedi que eles, durante a semana, procurassem se informar e recolher mais dados sobre essas profissões e escrevessem no AV o que apurassem. Introduzi essa palavra "apuração"– bastante usada no meio jornalístico com o sentido de "pesquisa de fatos e dados", pois seria útil na oficina seguinte.

Orientação profissional

A ESCOLHA DE JOÃO

João era o tipo do cara que vocês gostariam de conhecer...
Ele estava sempre de bom humor e sempre tinha algo de positivo para falar. Se alguém lhe perguntasse como estava, a resposta seria logo: "Se melhorar, estraga".

Ele era um gerente especial, seus garçons o seguiam de restaurante em restaurante, apenas pelas suas atitudes. Ele era um motivador nato. Se um colaborador estava tendo um dia ruim, João estava sempre dizendo como ver o lado positivo da situação.

Fiquei tão curioso com seu estilo de vida que um dia lhe perguntei:
– Você não pode ser uma pessoa tão positiva todo o tempo. Como você faz isso?

Ele me respondeu:
– A cada manhã, ao acordar, digo a mim mesmo: "João, você tem duas escolhas hoje. Pode ficar de bom humor ou de mau humor". Eu escolho ficar de bom humor. Cada vez que algo de ruim acontece, posso escolher bancar a vítima ou aprender alguma coisa com o ocorrido. Eu escolho aprender algo. Toda vez que alguém reclama, posso escolher aceitar a reclamação ou mostrar o lado positivo da vida.

– Certo, mas não é fácil! – argumentei.
– É fácil! – disse-me João. – A vida é feita de escolhas. Quando você examina a fundo, toda situação sempre tem uma escolha. Você escolhe como reagir às situações. Você escolhe como as pessoas afetarão o seu humor. É sua a escolha de como viver a sua vida.

Eu pensei sobre o que João disse, e sempre lembrava dele quando fazia uma escolha.

Tempos depois, soube que João cometera um erro. Deixou a porta de serviço aberta pela manhã, foi dominado por assaltantes e, enquanto tentava abrir o cofre, sua mão, tremendo pelo nervosismo, desfez a combinação do segredo. Os ladrões entraram em pânico e atiraram nele. Por sorte, ele foi encontrado a tempo de ser socorrido e levado para um hospital. Depois de 18 horas de cirurgia e semanas de tratamento intensivo, teve alta, ainda com fragmentos de balas alojados em seu corpo.

Um pouco mais tarde encontrei João, mais ou menos por acaso. Quando lhe perguntei como estava, respondeu:

> – Se melhorar, estraga.
> Contou-me o que havia acontecido, perguntando:
> – Quer ver minhas cicatrizes?
> Recusei-me a ver seus ferimentos, mas perguntei-lhe o que havia passado em sua mente na ocasião do assalto.
> – A primeira coisa que pensei foi que deveria ter trancado a porta de trás – respondeu. Então, deitado no chão, ensangüentado, lembrei que tinha duas escolhas: poderia viver ou morrer. Escolhi viver.
> – Você não estava com medo? – perguntei.
> – Os paramédicos foram ótimos. Eles me diziam que tudo ia dar certo e que eu ia ficar bom. Mas, quando entrei na sala de emergência e vi a expressão dos médicos e enfermeiras, fiquei apavorado. Em seus lábios eu lia: "esse ai já era". Decidi então que tinha de fazer algo.
> – O que fez? – perguntei.
> – Bem, havia uma enfermeira que fazia muitas perguntas. Perguntou-me se eu era alérgico a alguma coisa. Eu respondi: "sim". Todos pararam para ouvir a minha resposta. Tomei fôlego e gritei: "sou alérgico a balas!" Entre as risadas, lhes disse: "Eu estou escolhendo viver, operem-me como um ser vivo, não como morto".
> João sobreviveu graças à persistência dos médicos mas também graças à sua atitude. Aprendi que todo dia temos a opção de viver plenamente.

4ª OFICINA: TODOS NÓS SOMOS COMUNICADORES

Após o aquecimento, percorrendo todos os exercícios de percepção corporal até aqui aprendidos, introduzi o tema *Todos nós somos comunicadores*, levando o grupo a brincar de telefone sem fio – um jeito de se comunicar, em roda, muito divertido, porque facilmente a "fala", que entra por um lado do "fio" (um ouvido), chega bastante modificada no ouvido da última pessoa do círculo.

Depois da diversão, no entanto, a brincadeira serviu para a reflexão sobre o quanto é importante desenvolvermos uma escuta atenta e o quanto devemos ser responsá-

Orientação profissional

veis ao reproduzir o que ouvimos, observando a veracidade e a clareza da informação que eventualmente tenhamos de repassar, para que não haja conseqüências indesejáveis.

Aproveitei para falar da responsabilidade dos profissionais que lidam com a informação e convidei-os para, naquele dia, brincar de *Hoje eu sou... jornalista*. Expliquei detalhadamente como é o trabalho dos jornalistas nas suas várias funções (repórter, editor, apresentador de rádio e de TV, âncora, cronista, analista, colunista etc.) e nos diversos tipos de órgãos de imprensa. Isto melhorou a noção que já tinham da profissão e lhes deu a oportunidade de experimentarem esses papéis.

Para exercitar o papel de jornalista entrevistador, propus uma dramatização com o tema *Hoje eu sou...* Retomei o resultado da investigação que eles tinham feito sobre as profissões comuns (referentes ao *Jogo das profissões conhecidas*, da oficina anterior). Cada um deles pôde se manifestar sobre as profissões pesquisadas. Depois, dividi-os em quatro grupos, solicitei que escolhessem três profissionais diferentes por grupo e criassem uma história em que estes teriam de interagir com um jornalista.

Veja no quadro da página 112 os textos com as cenas que eles criaram e dramatizaram.

Após o intervalo, voltamos para a segunda parte desta oficina, também modificada, em relação ao planejamento, para atender ao pedido da empresa que ofereceu esse programa aos filhos de seus funcionários: mostrar o trabalho dentro de uma empresa. Propus novo jogo dramático: o *Jogo brincar de trabalhar*. Montei no *flip chart* um organograma básico e discorri, então, sobre as várias funções que existem em uma empresa, o papel de cada funcionário e a importância de todos trabalharem por um objetivo comum.

Dei informações sobre as funções que exercem as pessoas nos cargos de: presidente, secretária, diretores de RH,

HOJE EU SOU...

- **Hoje eu sou** desenhista mecânico. Eu e o técnico de informática temos uma reunião com uma jornalista para mostrar a nova máquina, totalmente informatizada, que nós criamos. Ela vai fazer uma reportagem e nós vamos falar que essa máquina é de lavar roupas, cabe mais roupa, é muito econômica e é muito linda.
- **Hoje eu sou** manicure e vou conversar com a professora da minha filha para irmos juntas encontrar o jornalista que vai ajudar a gente a contar que a escola está precisando de ajuda. O pintor vai junto porque vamos precisar pedir tinta.
- **Hoje eu sou** mecânico de moto. Eu, com meu colega policial, fomos buscar a moto dele na oficina. Quando chegamos lá, tinham roubado a moto e o jornalista foi fazer a reportagem junto com o fotógrafo.

de marketing, de finanças, de produção, gerentes, supervisores e os operários dos vários setores.

Esta parte foi bastante enriquecida pelos depoimentos dos jovens, que escolheram a própria empresa onde os pais trabalham para montar uma cena. Assim, trocamos informações sobre a função que seus pais exercem na fábrica. Depois, eles foram divididos em quatro grupos e montaram cenas de funcionários de empresas de tintas, de papel e de alimentos.

Nos comentários finais, sobre a tomada de papéis que realizaram, a maioria gostou de "mandar" e de ser responsável por grandes coisas. Mas não houve nenhuma rejeição aos papéis de operários: "eles também são muito importantes", comentaram com admiração.

Outros comentários relevantes:

"No trabalho a gente fica sem conversar com os outros. Só pode na hora do almoço".

"Se chegar atrasado na fábrica desconta do salário e daí não dá para sustentar a família".

"Os colegas querem mandar mais que os chefes".

"Gostei de brincar de ser chefe e de ter um chefe legal".

Encerramos essa oficina firmando o compromisso de que os integrantes do grupo fariam a entrevista com os pais. O objetivo aqui era, de uma maneira lúdica, incentivar os adolescentes a estabelecerem diálogo com os pais e depois, a digitarem um texto em computador (aproveitando o curso de informática que esse grupo estava fazendo, concomitante ao POP), construindo uma "reportagem" com o material apurado.

Da apuração constavam perguntas sobre a história profissional dos pais e sobre a expectativa que eles tinham com relação ao futuro dos filhos (pauta no capítulo anterior), tudo que pudesse se tornar subsídio para os filhos começarem a pensar em suas próprias escolhas profissionais e, por outro lado, para que os pais se comprometessem em cooperar e estimular a continuidade dos estudos dos filhos, uma vez que muitos daqueles adolescentes, ao terminar o ensino básico, poderiam ser obrigados a buscar um emprego para ajudar a família.

Orientei sobre a reportagem que deviam fazer em casa: distribuí a pauta com as perguntas a serem feitas, expliquei como deveriam entregá-la de volta, produzindo seu próprio texto e digitando-o no computador, e combinamos a entrega para dali a duas semanas (ressaltei a importância da escolha de se cumprir prazos).

5ª OFICINA: O QUE EU QUERO SER

Começamos esta oficina fazendo um aquecimento com muitos e diferentes exercícios de respiração. Logo após, pedi que todos deitassem no chão, de olhos fechados, em silêncio, enquanto eu os convidava a construírem uma nave, na imaginação, (*Jogo da nave*) e saírem nela para um passeio imaginário.

INSTRUÇÃO: "Vamos imaginar que estamos saindo desta sala voando em uma nave capaz de passar por muitos lugares diferentes, de maneira bem rápida. Saindo pela janela, vamos subindo e subindo, numa altura que já dá para ver todo o bairro, a cidade toda, a praça central, o banco, a escola, o hospital, a igreja, a rua do comércio com todas as lojas (que lojas dá pra reconhecer?). Voamos agora sobre o bairro industrial, com várias fábricas (que fábricas podemos reconhecer?), vemos a área rural com granjas, sítios e fazendas (vemos pessoas trabalhando lá?). Vemos montanhas, casas e os habitantes dessas montanhas. Vemos hotéis... Vamos observar, nesses lugares, as pessoas trabalhando. A nave continua voando e nos leva para uma cidade de praia, onde vemos pescadores, surfistas e moradores trabalhando em diversas áreas (que tipo de trabalho reconhecemos?). Voamos, agora, sobre uma cidade grande, uma capital. Vemos ruas movimentadas, gente passando apressada, escolas, bibliotecas, universidades, hospitais, lojas de comércio, prédios de escritórios, cinemas, casas de shows, supermercados, museus, aeroporto, rodoviária... Que pessoas vemos trabalhando nessa cidade grande?"

O "passeio" acabou com o pedido de que eles retornassem à sala, trazendo consigo a imagem dos trabalhadores que mais lhes agradaram na "viagem". Depois, sentados, com fundo musical suave, pedi para que eles se lembrassem do estilo de vida das pessoas que eles "viram" no passeio da nave.

Na seqüência, cada um foi convidado a fazer o reconhecimento de si mesmo para descobrir o estilo de vida de que

Orientação profissional

gosta, segundo um inventário que criei, para servir como reflexão (como não tem valor científico, vale apenas como roteiro para trazer à lembrança atitudes ou condições de um determinado estilo de vida). Denominei-o *Eu gosto de...* (ver quadro nas páginas 117-119). Trata-se de uma lista de afirmações que remetem a variados assuntos e estilos de vida.

INSTRUÇÃO: "Pensando em tudo que vocês viram na viagem da nave, olhem para dentro de si e avaliem a lista de afirmações do inventário 'Eu gosto de...' Depois, escolham as afirmações que mais têm que ver com a vida que cada um de vocês gostaria de ter".

A terceira fase da atividade: em grupos, separados de acordo com as respostas que ajudam a imaginar quais as áreas do conhecimento (humanas, biológicas, exatas...) que mais favorecem um ou outro estilo de vida, foram convidados a conversar sobre as escolhas. Depois, deviam criar uma história com personagens que tivessem as características mais relevantes, levantadas no inventário, e compor uma cena com profissionais que eles imaginassem que tinham determinados estilos de vida.

Depois do intervalo para o lanche, voltamos para a segunda parte da jornada desta oficina.

Aproveitei o aquecimento para deixá-los falar e perguntar muito do mundo das profissões, das alegrias, das dificuldades, dos sonhos. Introduzi informações sobre a diferença que existe entre ofício, profissões técnicas, administrativas, universitárias. Expliquei as diversas áreas do mercado de trabalho e propus novo jogo dramático, o *Jogo das profissões técnicas*. O objetivo era fazê-los vivenciar papéis que eventualmente eles poderiam vir a desenvolver.

Produzi esse jogo dramático baseado na realidade social do grupo – uma forma de mostrar a viabilidade de continuarem estudando perto de casa. Antes de iniciar as oficinas, fiz um levantamento de todos os cursos em escolas técnicas e superiores da região a que essa população tem acesso. Considerei aquelas que ficam, no máximo, nas cidades vizinhas, em um raio de trinta e seis quilômetros (abrangendo parte de São Paulo e toda Jundiaí – a maior cidade próxima a Cajamar, onde estava o grupo). Montei cartões com os nomes das profissões e, em cartões separados, descrevi o que faz o profissional de cada uma daquelas áreas (ver exemplo na página 120).

Divididos em grupos, cada grupo recebeu um lote de cartões com o nome e a descrição das profissões neles contidas. Eles deviam ler e discutir sobre o conteúdo, observar as semelhanças e diferenças e apontar aquelas que mais lhes eram simpáticas. Depois, propus uma competição em que o grupo que soubesse dar mais informações sobre aquelas profissões ganharia pontos.

Eles adoraram – principalmente porque tinham de competir e o jogo apresentava, como dificuldade, o fato de não conhecerem as profissões. Cada vez que um grupo errava, uma pessoa do outro grupo lia o conteúdo sobre o profissional de determinada área e eu acrescentava informações sobre o mercado de trabalho.

Foi difícil e ao mesmo tempo encantador para eles. Apesar de não terem captado muitas informações, eles toparam jogar dramaticamente com o que tinham aprendido. Assim, propus a criação de personagens profissionais das áreas vistas e elas surgiram extremamente fantasiosas. Havia cantores, jogadores de futebol, de vôlei, arquitetos, médicos, artistas, escritores. Partimos para as dramatizações. Nos grupos, eles criaram e representaram cenas.

Nesse momento, ficou claro que, apesar de as informações do jogo revelarem profissões com possibilidades reais de serem executadas, eles ainda continuavam a trabalhar muito mais com a fantasia do que com a realidade.

Apesar disso, no compartilhamento, houve clara expressão de que estavam entendendo quantas possibilidades existiam de percorrerem caminhos profissionalizantes ali mesmo, perto de casa. Foi pedido que, em casa, conversassem sobre isso com os pais e escrevessem no AV as reflexões que fizessem, para apresentarem no próximo encontro.

EU GOSTO DE...*
Assinale a letra da frente da frase que mais tem que ver com você.

a Música .... ( )
a Trabalhar com sons em geral .... ( )
a Dançar .... ( )
a Desenhar tudo que vejo .... ( )
a Tirar um som legal na guitarra .... ( )
a Tocar na banda do colégio .... ( )
a Cantar, declamar ou escrever poesia .... ( )
a Cantar .... ( )
a Trabalhar com crianças .... ( )
a Trabalhar em casa .... ( )
a Escrever .... ( )
a Trabalhos manuais .... ( )
a Marcenaria .... ( )
a Brincar de teatro .... ( )
a Trabalhos artísticos .... ( )

b Cuidar da natureza .... ( )
b Cuidar de plantas e árvores .... ( )
b Criar animais .... ( )
b Viver na praia .... ( )
b Viver no campo .... ( )
b Trabalhar com idosos .... ( )
b Mexer com agricultura .... ( )

b Pescar .... ( )
b Estudar e estudar muito .... ( )
b Morar em cidade pequena .... ( )
b Produzir alimentos................ ( )
b De família grande................ ( )
b Trabalhar à noite .... ( )
b Fazer pesquisas .... ( )
b Dançar .... ( )
b Ensinar................ ( )
b Trabalhar em grupo................ ( )
b Trabalhar sozinho(a) .... ( )
b Promover a saúde................( )
b Praticar esportes em geral .... ( )
b Trabalhar com animais................ ( )
b Cozinhar .... ( )

e Usar farda .... ( )
e Mexer com agricultura................ ( )
e Trabalhar em banco................ ( )
e Lidar com compras .... ( )
e Morar em cidade grande .... ( )
e Produzir alimentos .... ( )
e Trabalhar com tecnologia .... ( )
e Administrar qualquer coisa .... ( )
e Ser dono(a) do próprio negócio................ ( )
e Música .... ( )
e Trabalhar com sons em geral .... ( )
e Trabalhos administrativos................ ( )
e Trabalhar com computação................ ( )
e Lidar com dinheiro................ ( )
e Fazer contas................ ( )
e Enfrentar desafios................ ( )

h Trabalhar com idosos................ ( )
h Viver rodeado de amigos................ ( )
h Estudar e estudar muito .... ( )
h Morar em cidade grande .... ( )

Orientação profissional

h Ler muito .... ( )
h De família grande .... ( )
h Música .... ( )
h Trabalhar à noite .... ( )
h Fazer pesquisas .... ( )
h Dançar .... ( )
h Trabalhos administrativos .... ( )
h Ensinar .... ( )
h Falar outras línguas .... ( )
h Trabalhar com turismo .... ( )
h Trabalhar em grupo .... ( )
h Freqüentar festas e bailes .... ( )
h Ficar perto da minha família .... ( )
h Ajudar minha família .... ( )
h Trabalho solidário .... ( )
h Ajudar meus irmãos .... ( )
h Ajudar os amigos .... ( )

s Viajar muito .... ( )
s Estudar e estudar muito .... ( )
s Vender qualquer coisa .... ( )
s Morar em cidade grande .... ( )
s Morar em cidade pequena .... ( )
s Ler muito .... ( )
s Fazer pesquisas .... ( )
s Falar outras línguas .... ( )
s Trabalhar com turismo .... ( )
s Promover festas e bailes .... ( )
s Trabalhar em grupo .... ( )
s De família grande .... ( )

*LEGENDA: **a** • ARTES, **b** • BIOLOGIA, **e** • EXATAS, **h** • HUMANAS, **s** • SERVIÇO

Exemplo de cartão do Jogo das profissões técnicas

Técnico em Informática	A formação é em curso de... Processamento de Dados; Técnico em Microcomputador ou Técnico em Informática O profissional faz... 1 • Programação em diversas linguagens; 2 • Desenvolvimento, implantação e otimização de sistemas informatizados.

6ª OFICINA: VENCENDO LIMITES

Começamos o dia conversando sobre as reflexões que escreveram no AV; voltamos a falar das profissões técnicas e de nível médio que havíamos levantado no jogo da semana anterior, aprofundando as informações sobre o que são, como são, o que fazem os profissionais, como se tornar profissional etc.

Com os conteúdos mais bem assimilados, revimos todas as profissões já conhecidas, jogamos com os cartões do *Jogo das profissões técnicas* como se fosse um baralho e, assim aquecidos, estimulei-os a novamente a brincar de teatro com o tema *Hoje eu sou...*, criando cenas com as novas profissões, que agora conheciam com muito mais informações. Só então surgiram cenas com várias profissões viáveis dentro da realidade deles.

Aproveitamos esta oficina para reforçar o jogo de papéis das várias profissões técnicas e fomos agregando outras possibilidades profissionais.

Eis algumas histórias que foram dramatizadas:

Orientação profissional

HOJE EU SOU...

- **Hoje eu sou** fiscal do meio ambiente. Tenho uma reunião com a técnica com a química (F.) e a técnica em segurança do trabalho (I.) para elas me explicarem se a empresa que elas trabalham está poluindo o rio que passa na cidade (A.). As técnicas querem me convencer que não poluem. Vou ter que fiscalizar.
- **Hoje eu sou** um arquiteto famoso. Tenho uma reunião com uma cantora famosa (D.) e uma jogadora de futebol também famosa (W.). Elas se juntaram para montar uma casa de abrigo para menores carentes e me chamaram para fazer o projeto. E eu quero contribuir para o abrigo. Vou chamar um técnico em edificações para ajudar (G.).
- **Hoje eu sou** um técnico eletrônico que entende tudo de som. Eu e a cantora evangélica famosa (M.) estamos esperando a famosa "promoter" e atriz de televisão (F.) para ensaiar uma cena de teatro que a cantora vai dirigir. A atriz chega atrasada e pergunta sobre o som e eu digo que já consegui resolver o problema de retorno. A cantora explica que a atriz vai ter que se atirar no chão e então vai sair um monte de fumaça. Mas ela não vai se machucar. "Vai ter um colchão na hora que você pular e o técnico vai soltar a fumaça fazendo você desaparecer" (A II.)

---

* A linguagem dos estudantes foi mantida, sempre que possível, incluindo erros e falta de pontuação. O texto só foi mexido em função de garantir a compreensão do discurso.

7ª OFICINA: COMO CHEGAR LÁ

Esta oficina foi marcada pela fixação do conhecimento das reais possibilidades do mercado de trabalho para aquela comunidade, pela entrega da reportagem que fizeram com os pais em casa (ver exemplo) e pela produção de um projeto de vida (ver exemplo).

Durante o aquecimento, todos quiseram falar sobre as reportagens que fizeram. Alguns capricharam bastante, criando uma apresentação do texto em computador, mostrando o quanto estava sendo útil e proveitoso o curso de informática que estavam fazendo. Entregaram suas produções com muito orgulho.

Os textos foram lidos pelos autores e passados, de mão em mão, para que todos pudessem perceber o quanto foram cuidadosos.

Entrevistas com os pais

VIDA PROFISSIONAL
Por: A. S.

Entrevistando a senhora M. Z. S., de 31 anos, ela disse que trabalha atualmente como Auxiliar de Almoxarifado, possui o segundo grau completo e começou a trabalhar com 15 anos em uma residência familiar.

Ela exerceu a função de Doméstica, Babá, Ajudante Geral e, por fim, Auxiliar de Almoxarifado. Sempre mudou de função porque teve como objetivo de vida batalhar e vencer, não importando quanto tempo levaria isso, não poderia se acomodar com a mesma função que iniciou.

Trabalhou em casa de família, frigorífico e hoje está em uma empresa de cosméticos.

Tem um companheiro importante na sua vida, seu marido, com o qual tem dois filhos, que não trabalham, só estudam. Concordou comigo e percebeu que isso só iria me ajudar a me preparar e a enfrentar a sociedade.

Ela diz que o Programa de Orientação Profissional é um incentivo para todos os jovens no mercado de trabalho. Ela espera que os jovens aprendam a se locomover e a ter em mente a responsabilidade de ser um cidadão honesto; que esse programa seja o primeiro passo de minha vida; que, sempre dialogando, eu comece a praticar em casa com seu próprio apoio e incentivo.

Orientação profissional

MEU PAI
Por: W. C. A.

O senhor J. J. A., meu pai, 43 anos, estudou até a 1ª série do Ensino Médio quando ele era jovem, mas por algumas dificuldades na vida teve de abandonar os estudos para poder trabalhar. Mas há alguns anos atrás retomou os estudos e terminou o Ensino Médio. Hoje, exerce a função de Programador de Produção em uma empresa da cidade.

Mas não foi bem assim que começou a trabalhar.

Começou aos 15 anos, na lavoura, como colhedor de laranjas, passando mais tarde a servente de pedreiro, balconista e, depois, vendedor: sua última ocupação desde que se mudou da cidade de Registro para Cajamar.

Aqui, ingressou numa metalúrgica, passando por vários cargos até exercer a função que tem hoje. Ou seja, foi aderindo às oportunidades que lhe foram dadas. Sendo que registrado em carteira de trabalho foram só duas empresas.

Perguntando a respeito do Programa de Orientação Profissional ele responde:

– É uma boa idéia que deveria ser aderida também por outras empresas. Uma idéia que dá certo, pois você mudou muito desde que entrou para este projeto.

– Espero que você descubra sua vocação, que aproveite as oportunidades que lhe são dadas, pois meu sonho é ver você bem-sucedido na vida.

– Acho que vai ajudá-lo a fazer as escolhas corretas, caminhando sempre à frente. Acho que te ajudará a ser um vencedor.

– Para colocar em prática tudo que está aprendendo estarei te incentivando sempre a atingir seus objetivos fazendo com que você compartilhe um pouco do que você aprende com os seus irmãos e com as outras pessoas.

Com um sorriso e um aperto de mão encerrei esta entrevista com meu pai. Antes do futebol começar, é claro. Pois não seria possível durante ou após o mesmo.

ENTREVISTANDO MINHA MÃE
Por: V. A.

M. G. S. A. tem 36 anos e sua atual profissão é do lar. Ela é alfabetizada até a 6ª série do 1º Grau e começou a trabalhar desde cedo, com apenas 13 anos, de empregada doméstica. É casada com o meu pai e tem dois filhos. V., de 11 anos, e eu, de 16, cujo já trabalhou de entregador de pizza e balconista.

Concorda com a minha participação no Programa de Orientação Profissional e acha uma boa oportunidade para todos.

Ela espera que eu aprenda a conviver melhor com as pessoas, pois isso me ajudará a respeitar e ser respeitado.

Ela acredita que o projeto possa me ajudar a arrumar um emprego, orientando-me e encaminhando-me para que eu possa colocar em prática tudo que aprendi.

ENTREVISTANDO MINHA MÃE
Por A. A. G. P.

Ao entrevistar a senhora D. G. P., que tem 33 anos, ela está trabalhando hoje como manicure e pedicure. Ela não foi alfabetizada, pois cursou apenas até a 3ª série do 1ª Grau. Começou a trabalhar na roça com 7 anos de idade, ela não teve troca de trabalho, pois não teve oportunidade.

Ela convive com um companheiro e tem três filhos, com as idades de 11, 13 e 15 anos.

Eles concordaram que eu participasse do Programa de Orientação Profissional porque querem me ver formada e com um bom futuro. Esperam que eu aprenda o máximo, pois o projeto vai me ajudar a ter uma carreira e uma preparação para o mercado de trabalho. Eles acham que eu posso colocar em prática, num serviço, tudo que estou aprendendo.

Após o intervalo, promovi um aquecimento com o objetivo de provocar o desejo de construção de um projeto de vida. Para facilitar a fantasia, propus um novo jogo de visualização, que chamei de *Jogo do passeio ao futuro*: uma nova viagem interna dirigida – uma viagem imaginária para o próprio futuro.

Deitaram-se no chão, bastante relaxados, e foram seguindo as minhas instruções, que consistiam em desde "estou agora com 15, 20, 25, 30 anos..." até detalhes da vida pessoal, afetiva e profissional.

INSTRUÇÃO: "Com os olhos fechados, a respiração suave, imaginem que estamos saindo desta sala e vamos diretamente para o ano que vem, depois de termos passado pela formatura da 8ª série. Onde estamos? Que escola freqüentamos agora? Que curso fazemos? Onde moramos? Quem nos ajuda a crescer? Como dividimos nosso tempo entre escola, família, lazer, estudo? Imaginemos que agora temos 16, 17, 18 anos. O que estamos fazendo? Como é nossa vida? Temos tempo para estudar? Temos de trabalhar? Vamos avançando, o 19, 20 anos Entre os 20 e os 25 anos, o que é que estamos fazendo na nossa vida com relação aos estudos, ao trabalho, à família, aos amigos? Onde moramos? Estamos namorando? Já casamos? Avançamos mais ainda: temos 30, 32, 35 anos, quem sabe até 40. Como está a vida? Deixem, então, passar várias imagens, cenas dos seus sonhos já realizados, e aprontem-se para voltar a esta sala, trazendo consigo várias dessas imagens, como se elas tivessem sido fotografadas por vocês".

Na volta desse passeio imaginário, pedi que eles se sentassem, silenciosamente, e escrevessem o que tinham visualizado para si. Preparei como fundo, uma música suave.

O resultado foi descrito na linha do tempo futuro e, posteriormente, editado como o projeto de vida de cada um. Veja exemplos:

Linha do tempo futuro

MEU PROJETO DE VIDA E ESTRATÉGIAS PARA REALIZÁ-LO
Por: D. F. (mulher)

Dos 16 aos 20 anos • Terminando o 2º colegial, enfim, consegui montar minha própria banda de *Pop Rock* com as minhas amigas. Terminei o meu curso de violão/guitarra/baixo, estou trabalhando, comprei minha tão sonhada bateria e a minha banda é bem curtida aqui e nos locais próximos. Com 18 anos, terminado o colegial aos 17, entro para um curso de fotografia e quase não tenho tempo para a banda. Com 19 estou noiva e muito feliz.

Dos 21 aos 30 anos • Foram 6 anos de banda. Com 22, termino meu curso de fotografia e me caso, vou morar em Salvador e lá trabalho como profissional em paisagens. Com 23 volto para Cajamar e sou chamada para trabalhar em rádio como locutora junto com as meninas da minha antiga banda. Com 25 anos tenho um filho e minha vida conjugal se torna perfeita.

Dos 31 aos 40 anos • Aos 31 entro na faculdade de Psicologia, meu filho começa a estudar e meu marido entra na faculdade de Advocacia. Com 35 meu filho vai para o ginásio, eu e meu marido nos formamos e montamos um escritório juntos. Fui chamada para gravar um CD, mas achei melhor não; aos 40 sou psicóloga muito popular e minhas fotos com belas paisagens igualadas ao paraíso são admiradas no mundo todo.

Orientação profissional

MEU PROJETO DE VIDA E ESTRATÉGIAS PARA REALIZÁ-LO
Por: A. N. H. (mulher)

Dos 16 aos 20 • Terminarei o Ensino Médio e arrumarei um emprego como secretária para poder pagar a faculdade. Farei um curso de inglês para ajudar na profissão.

Dos 21 aos 30 • Terminarei o curso de Psicologia e começarei a exercer a profissão. Casarei e terei um filho. Aos 30 anos meu chefe me homenageará como a melhor psicóloga da empresa.

Dos 31 aos 40 • Terei meu segundo filho, mudarei com a minha família para Itatiba e trabalharei com um grupo de apoio aos carentes. Estarei realizada com a minha família e com a minha profissão.

MEU PROJETO DE VIDA E ESTRATÉGIAS PARA REALIZÁ-LO
Por: G. P. A. (homem)

Dos 16 aos 20 anos • Estarei estudando ainda, fazendo um curso de enfermagem para trabalhar até juntar dinheiro para fazer o curso de arquiteto.

Dos 21 aos 30 anos • Estarei acabando o técnico de enfermagem e fazendo bicos para entrar no curso de arquiteto. Estarei casando e terei um filho com a minha mulher.

Dos 31 aos 40 anos • Já me formei arquiteto, estou sossegado e já posso mandar no meu próprio serviço. Minha mulher trabalha de secretária no meu escritório e meus dois filhos ficam com a babá.

8ª OFICINA: AVALIAÇÃO

A última oficina foi dedicada a reforçar a avaliação (ver exemplos), na qual foi possível perceber o grau de espontaneidade conseguido e conversar sobre projetos para futuro. Para encerrar, propus uma dramatização com o tema: *Nós que éramos jovens, agora somos adultos.* Divididos em grupos, os adolescentes deveriam criar uma cena de encontro que ocorreria dali a vinte anos. Além da cena, deveriam escrever uma carta para esta oficina final. Divididos em grupos, dei como instrução: "Vamos imaginar que estamos 25 anos mais velhos, ou seja, com mais ou menos 40 anos de idade. Vamos imaginar que encontramos alguns dos nossos antigos colegas das oficinas de orientação profissional. Nesse encontro, cada um vai contar como vai sua vida naquele momento (ou seja, no ano de 2027). Aí, juntos, resolvemos escrever uma carta como se estivéssemos no futuro".

Deveriam dirigir a carta à empresa patrocinadora do programa de orientação profissional, relatando a condição em que se encontravam naquele momento. Divididos em grupos, discutiram idéias de que profissionais seriam e escreveram a carta em conjunto, trabalhando alegremente em equipes. Prepararam-se para lê-las dramaticamente para a diretoria de RH da empresa que foi, então, chamada à sala para assistir à apresentação das cartas.

Este foi um momento superemocionante, pois as cartas foram dramatizadas. Eles se colocaram nos papéis que criaram para o próprio futuro, inclusive fazendo pose de pessoas mais velhas. Fizeram um jogral, em que cada membro da equipe lia um trecho da carta produzida. Um dos grupos pediu que eu colocasse, como fundo musical, uma música dos Beatles, que ouvíamos durante as oficinas, enquanto eles faziam trabalhos individuais ou em grupo. Muitos choraram, comovidos.

Orientação profissional

E tudo acabou com uma comemoração, com sanduíches, bolos e refrigerantes.

Na semana seguinte, em reunião com os pais, soube que os filhos estavam mais interessados nos estudos e já faziam planos de cursar uma escola de ensino técnico em Jundiaí, o pólo de mais recursos em educação na região.

Alguns exemplos de avaliação:

"Antes das oficinas eu sentia ansiedade, às vezes ficava cansada, com sono, mas queria aprender mais e mais. Tenho certeza de que vou levar para a minha vida, como lição, que não se deve ver só o defeito dos outros. As atividades de que mais gostei foram a de voltar ao passado e a de viajar para o futuro. Porque é legal a gente relembrar muitas coisas divertidas, outras tristes. Também foi legal imaginar como estaríamos no futuro" (E. S. M.).

"Participei das oficinas com muito interesse e alegria por aprender coisas novas. Depois, senti que estava mais preparada e motivada para vencer. As atividades de que mais gostei foram as de dramatização junto com as profissões. Eu gostei de encaixar as duas coisas" (A. G. P.).

"Enquanto participava das oficinas eu sentia um pouco de ansiedade para saber o que iríamos fazer e se isso ia me incomodar. Com relação a escolher uma profissão eu me sentia um pouco inseguro sobre o que fazer porque não sabia se poderia dar certo, se eu ia quebrar a cara. Depois que conheci melhor as profissões, descobri que posso exercer várias atividades com êxito. E que sempre tenho de arriscar. Levo como lição de vida a importância das outras pessoas. Eu não conseguirei atingir meus objetivos sozinho. Tendo a ajuda de outras pessoas eu poderei ir bem melhor. As atividádes de que mais gostei foram as de trabalho com várias equipes diferentes. Assim pude ficar sabendo que as pessoas dos outros grupos eram boas, com qualidades e defeitos. Antes eu achava que tinha de fazer tudo sozinho" (W. C. A.).

"Eu começava as oficinas um pouco preocupada, mas depois relaxava e me empenhava bastante. Senti que estava fazendo algo de bom em minha vida. Antes de conhecer mais sobre as profissões, eu não sabia o que fazer e achava que a OP era uma coisa sem pé nem cabeça. Agora me sinto uma vencedora, uma lutadora. Nunca pensei que passar por tudo isso fosse muito bom.

De tudo que pude vivenciar, levo como lição de vida a certeza de que vou ser alguém na vida porque tive uma chance que nem todos têm. A atividade de que mais gostei foi a de voltar para a barriga da mãe. Porque eu lembrei de tudo. De coisas boas e coisas ruins" (G .V. C.).

"Eu sentia que podia entender o que é emprego e ao realizar as tarefas eu aprendia o que é ter compromisso. Antes das oficinas, eu não tinha informações sobre profissões e agora, com todas as que eu conheci, me sinto até mais preparado para o mercado de trabalho. Vou levar como lição de vida que em primeiro lugar vem o respeito para com o próximo. Porque se eu não fosse solidário com os meus colegas eu não estava cumprindo meu compromisso. O que mais gostei foi de falar sobre as profissões que a gente pode ter, pois eu não sabia com que tinha que arcar para chegar ao topo" (D. A. N.).

Orientação profissional

Cartas que os jovens escreveram *como se* estivessem com 40 anos de idade

Cajamar, 15 de abril de 2027.

Nos encontramos no baile de formatura de nossos filhos. E começamos a conversar sobre o passado e lembramos do curso que fizemos há mais de 20 anos e que nos ajudou muito na nossa escolha profissional.

Lá aprendemos que na vida nunca fazemos nada sem a ajuda de outro alguém. E este alguém são vocês.

E um momento marcante foi quando fizemos uma cena de teatro nas quais expressamos as profissões que temos hoje.

Muito obrigado e um grande abraço.

A., secretária. AL., psicóloga. F., químico.
C., professor de capoeira. DA., analista de sistemas.

Cajamar, 15 de abril de 2027.

Caros velhos mestres

Hoje estamos reunidos lembrando da fase que foi tão importante para nós. Percebemos que tudo que aprendemos, na verdade, foi útil: que há momentos em que é preciso ver a vida de outra maneira, que é preciso parar e lembrar da nossa infância, dos momentos bons e ruins. Aprendemos a guiar e a ser guiado na nossa vida louca em que tudo passa e tudo passará. Sabemos que nossa vida não foi fácil, mas vocês acreditaram nas nossas qualidades.

Obrigado pela oportunidade. Se não fosse as Oficinas talvez não estaríamos aqui, bem e empregados.

D., E., J., L. e W.

São Paulo, 15 de abril de 2027.

Em uma conferência da Bienal, encontramos velhos amigos.

Eu, C., me tornei engenheira eletrônica, trabalho em uma empresa e o projeto me ajudou a escolher uma carreira.

Eu, Evandro sou jogador de futebol, e o projeto abriu as portas para eu entrar na carreira pois uma atividade que me ajudou muito foi a de respiração. Isso melhorou o meu desempenho.

Eu, C., me formei em Psicologia. O projeto me ajudou a escolher e abriu as portas da minha vida profissional.

Eu sou o D., me formei em análise de sistemas e o projeto me incentivou a pesquisar mais sobre a minha área e a estudar. Hoje sou dono de uma rede de computadores na minha cidade, mas continuo trabalhando para a Microsoft.

Abraços.
C., E., CA e D

Curitiba, 15 de abril de 2027.

Hoje, por coincidência, nos encontramos neste hotel e resolvemos escrever para relembrar como foi bom o Projeto Formar e como ele ajudou em nossa vida.

Lembramos que no módulo Orientação Profissional aprendemos a enxergar o lado positivo das pessoas e que o trabalho em equipe é sempre utilizado em nossas vidas.

Lembramos da oficina em que colocamos o espelho embaixo do queixo para nos ajudar a ver o mundo com outros olhos.

Graças ao Projeto, temos uma profissão de que gostamos muito.

Beijos e abraços de todos nós.

AM., diretora de RH e técnica em enfermagem. A, arquiteta e professora de Biologia. Jéssica, advogada. J, relações internacionais e webdesigner. H., veterinário.

Orientação profissional

Nova York, 15 de abril de 2027.

Adivinha quem eu encontrei passeando num ensolarado dia da primavera americana aqui em Nova York? A A., a G., a E. e a A. P. Nunca imaginei encontrá-las de novo. A A. como uma renomada cientista do meio genético, a E. como secretária do Governo brasileiro, a G. como veterinária e a A. P. como superintendente da Rede Globo de Televisão. E eu, como vocês já devem saber, sou o mais novo apresentador do US Today da CNN.

Na conversa, lembramos das oficinas de Escolha Profissional e Visão de Futuro, nas quais realizamos várias atividades que foram fundamentais para sermos o que somos hoje.

Claro, não foi fácil chegarmos onde estamos. Foi muito difícil passar em uma faculdade pública e depois sair do país, mas tudo se acertou graças às escolhas que fiz.

A G., para ser uma das melhores veterinárias do Brasil teve de enfrentar muitos obstáculos. A E. para ser secretária do Governo brasileiro teve de lutar muito para passar no concurso público. E a A.P. fez faculdade comigo, mas nossos caminhos tomaram rumos diferentes.

Enfim, isso mostra como foi importante colocarmos em prática tudo que aprendemos aí: desde nos expressar, saber respirar nas horas de conflito, saber como trabalhar em equipe com pessoas de pensamentos diferentes, até como lidar com o mundo.

Agradecemos por tudo que nos foi proporcionado.

De quem hoje venceu, W. A. E. G. e A. P.

CAPÍTULO 8

Comentários

RETOMADA DE REFERÊNCIAS: PARSONS – BOHOSLAVSKY – MORENO

Para avaliar e concluir esta jornada, retomo três referências importantes, de três grandes mestres.

A primeira é Parsons, quando preconizou, no início do século passado, que o profundo autoconhecimento era a chave que abriria as portas do mercado de trabalho para aqueles que se preparam para escolher uma profissão.

A segunda é Bohoslavsky, no livro *Orientação profissional. A estratégia clínica* (p. 147), quando ensina que é preciso conhecer por dentro as várias profissões para poder passar as informações aos orientandos. Diz ele:

> [...] sobre as atividades profissionais é preciso conhecer, em primeiro lugar, qual é o objeto com que as várias profissões realizam sua tarefa; qual é a finalidade social destas (qual é o papel dos diferentes profissionais dentro do contexto socioeconômico); quais são as técnicas e instrumentos empregados; qual a demanda do trabalho existente na comunidade, quanto a esses especialistas e, ao mesmo tempo e distinguindo-a da demanda, qual a real necessidade da comunidade em relação a esses especialistas, quais são os lugares em que se realizam tais trabalhos etc. [...]

A terceira referência é J. L. Moreno, quando introduz a idéia de adestramento da espontaneidade (1978, p. 181-194), e observa que "o 'aprender a ser espontâneo' pressupõe um organismo apto a manter um estado flexível, de um modo mais ou menos permanente..." Ele considera "ensinar o indivíduo como ser espontâneo e ajudar a manter e aumentar sua espontaneidade permanentemente" de forma que o sujeito possa usar esse recurso para ampliar suas possibilidades ao desejar assumir novos papéis.

Creio que essas premissas me ajudaram a desenvolver o Programa de Orientação Profissional. Desde o início, procurei motivar o autoconhecimento em cada um com base nos exercícios corporais que foram reforçados, a cada sessão, como parte do aquecimento do grupo; busquei informar-me, na região, sobre as possibilidades profissionais que seriam viáveis para aquela população, colocando à sua disposição informações relevantes e, por fim, treinei a espontaneidade, com base nas vivências com jogos dramáticos.

Como queria Parsons, por meio das várias atividades, cada integrante do grupo pôde:

1 • olhar para dentro de si, à sua volta, e para a família; pesquisar o próprio nome, perceber seu lugar na família; melhorar sua auto-estima;

2 • olhar o colega e respeitá-lo; perceber as diferenças e aceitá-las;

3 • olhar o grupo e trabalhar em equipe, sendo solidário e cooperativo; aprender a falar e a ouvir, dando espaço e voz para todos se manifestarem;

4 • olhar os pais ou responsáveis com atenção ao papel que estes representam na sua vida, percebendo a função complementar, além de pedir ajuda para continuar a amadurecer até atingir a idade adulta;

5 • relembrar suas características pessoais, suas habilidades, seus gostos e descobrir que estes são fatores importantes para a escolha da profissão.

Orientação profissional

Como ensinou Bohoslavsky, por meio das várias atividades, cada integrante do grupo pôde:

1 • tomar contato com as profissões mais relevantes na região em que vivem e saber por que elas são importantes naquela comunidade;
2 • saber a diferença entre profissão, função e ocupação, de maneira a procurar se preparar profissionalmente, segundo a demanda do mercado de trabalho;
3 • conhecer todas as possibilidades de cursos profissionalizantes existentes na região, incluindo como é o curso, para que serve e como é a profissão a que ele se refere;
4 • entender que há um longo caminho a ser percorrido até tornar-se profissional;
5 • considerar a idéia de que vale a pena batalhar para ter uma profissão.

E, como inspirou Moreno, por meio das várias atividades, cada integrante do grupo pôde:

1 • expressar-se livremente, contando com o respeito e acolhimento do grupo;
2 • deixar aflorar a espontaneidade, mostrando-se mais instruído, mais preparado para fazer escolhas;
3 • experimentar vários papéis profissionais – desde aqueles que já existiam dentro dos limites de sua rede social até os novos, que surgiram das informações recebidas durante o programa;
4 • relacionar características pessoais com fatores inerentes a cada profissão apresentada, podendo, portanto, ampliar suas possibilidades de escolha profissional;
5 • dar asas à imaginação para construir sonhos com chances reais de realização.

AS EXPECTATIVAS E OS FATOS - ADAPTAÇÕES

Muito bem. E eu, o que esperava que acontecesse? Eu imaginava que, tendo me dedicado a pensar e construir um projeto bastante detalhado, tudo poderia correr dentro do planejamento, sem grandes surpresas. Não fosse a habilidade de lidar com o público e a capacidade de criar novas saídas diante de obstáculos, talvez o resultado ficasse aquém do esperado. Mesmo assim, devo notar que muitas vezes tive de modificar o planejamento, já no decorrer das oficinas, e lançar mão da imaginação. Por exemplo, o que chamei de jogo do *Guiar e ser guiado* só surgiu como idéia diante do impasse de um menino no grupo sentir-se rejeitado porque havia passado por uma situação de cegueira, em função de uma cirurgia, e estar sendo alvo de gozação por parte do grupo.

Em outra oportunidade, o problema foi a minha dificuldade de lidar com o clima emocional, emergido logo após o exercício de *Viagem ao passado*: uma menina se isolou do grupo, bastante entristecida, se recusando a contar o que estava sentindo. Nada pude fazer, a não ser dar continuidade às atividades do dia, ficando insatisfeita com o fato. Só semanas depois é que ela se abriu, contando que, durante o jogo de visualização, ao se ver com 9 anos, lembrou-se da morte da mãe e do desamparo que sentiu dali em diante.

Eu havia programado as oficinas de maneira que uma fosse servindo de pré-requisito da outra. Mas, de maneira intuitiva, troquei a temática da terceira sessão, puxando *Viver é escolher* para ser ministrada antes de *Todos nós somos comunicadores*. É que percebi que devia primeiro incentivar o grupo a trazer seus conhecimentos sobre profissões, sem a minha interferência. Então, a partir das profissões conhecidas por eles, começamos a jogar papéis dramaticamente. Apenas na quarta oficina introduzi noções mais consistentes daquelas e de novas profissões.

Em função do contexto socioeconômico do grupo, trabalhei um jogo de profissões técnicas e não universitárias. Mas isso não me impediu de estar atenta às necessidades individuais, que surgiram com perguntas sobre profissionais de nível superior, tais como arquiteto, jornalista, engenheiro e veterinário. Prontamente atendi às solicitações de informações e incentivei os jovens a incorporarem essas profissões na criação das histórias que seriam dramatizadas.

Se compararmos o capítulo do detalhamento do plano com o do projeto executado, perceberemos que algumas atividades sequer foram realizadas, tais como uma sessão prevista com a técnica jornal vivo. Por outro lado, novidades foram sendo agregadas ao longo da jornada, como o *Jogo da nave*, não previsto inicialmente.

O GRUPO ANTES DO POP

Quanto ao grupo, a primeira constatação foi que, ao contrário dos jovens na faixa dos 16/17 anos, que já se preocupam com a escolha de profissão e de cursos, este grupo, da faixa etária dos 14/15 anos, realmente era representante da análise do cenário: ainda idealizava o sucesso profissional como algo mágico, que se materializaria a qualquer momento, sem necessidade de grande esforço pessoal.

Isso fica claro na identificação com os jovens adultos que fazem sucesso na televisão, que parece ser o mais forte estímulo, capaz de levá-los a imitar papéis (*role-taking*). Exemplos disso são os casos de I., que queria ser cantora evangélica e, sempre que podia, estava cantando e imitando o gestual aprendido das cantoras que se apresentam em programas religiosos de televisão, e de W., que queria ser âncora da TV Globo em Nova York – em uma das vivências realizadas, ele assumiu o papel de entrevistador de um programa de televisão.

Além da idealização, a escolha da profissão não parecia ser uma preocupação do grupo, em função das poucas chances reais e objetivas. Todos moravam em um pequeno município, onde só há uma escola pública de ensino médio. Para qualquer outra opção – como, por exemplo, de um curso profissionalizante – eles precisariam contar com o apoio, o incentivo e o envolvimento dos pais. No caso, estes teriam de se mostrar dispostos a financiar os estudos dos filhos na cidade mais próxima, localizada a cerca de vinte quilômetros de distância, onde há muitos recursos disponíveis.

Considerando a resposta positiva que obtive de alguns pais, certamente alguns dos jovens seriam beneficiados. Na reunião final que tive com eles – em que apresentei os resultados do Programa de Orientação Profissional – houve manifestações evidentes sobre o quanto seus filhos tinham conversado em casa sobre as oficinas e como se sentiram importantes ao entrevistarem os pais para realizar um dos trabalhos propostos (fazer a "reportagem" pedida na quarta oficina). Isso animou os pais a fazerem "um sacrifício" para manter os filhos estudando após o término da 8ª série.

Por outro lado, analisando os textos das entrevistas feitas pelos adolescentes, percebi que havia uma expectativa dos pais de que o programa de orientação profissional ajudasse o filho a "arranjar emprego". De alguma forma, em um universo de cerca de trinta respostas recebidas por meio da "reportagem", foi possível observar que: 1 – muitos pais consideram boa a oportunidade de fazer orientação profissional porque querem um futuro melhor para os filhos; 2 – muitos consideram que isso vai ajudar os filhos a "arrumarem emprego"; 3 – muitos consideram que esta é chance de se preparar para entrar no mercado de trabalho imediatamente.

Para nós, orientadores, esse tipo de informação nos alerta para a necessidade de ampliar a intervenção do programa também para os pais, de maneira a ajudá-los a compreender melhor o sentido da orientação profissional e a importância do papel deles como incentivadores e apoiadores dos filhos na caminhada do aprendizado contínuo.

AVALIAÇÃO FINAL – DEPOIMENTOS DOS JOVENS

Penso que a avaliação que cada integrante do grupo fez na última oficina trouxe à luz os sentimentos vivenciados e os conhecimentos adquiridos, bem como demonstrou novas atitudes assimiladas. Alguns passaram por momentos de desconforto, expressados por sentimentos de angústia e tristeza quando, no *Jogo viagem ao passado* foram levados a viajar pelo próprio passado:

"O que menos gostei foi de voltar pra barriga da minha mãe, pois lembrei da morte do meu avô e eu lembrei de coisas ruins da minha vida. O que mais gostei foi fazer teatro porque a gente perde a vergonha e eu era tímido e quieto" (E. M. H.).

"Gostei das dramatizações com as profissões. Não gostei de pensar no passado porque teve muitas coisas tristes" (A. G. P.).

Por outro lado, parece que, pelo menos para uma participante, vivenciar o que eles chamam de "coisas tristes" pode ter sido o que faltava para vencer o luto pela perda da mãe (que morreu quando ela tinha 9 anos; hoje, aos 15, ela vive com a irmã mais velha, já casada). Durante a vivência ela se mostrou triste e isolada. No entanto, eis sua declaração:

"A atividade de que mais gostei foi quando nós entramos na barriga da mãe, porque eu lembrei de tudo: as coisas boas e as tristes histórias da minha vida. Não teve atividade de que eu não gostei, pois todas me ensinaram a ser alguém na vida" (G. V. C.).

A maioria dos depoimentos evidenciou que eles perceberam a importância de ir buscar outros referenciais de vida que não aqueles já conhecidos, a partir do *Jogo do espelho*. Também se referiram ao reconhecimento do eu, quando citam a "descoberta" da importância de usar os benefícios da respiração. Exemplos:

"Em algumas oficinas eu me senti estranha e insegura por fazer e pensar coisas que jamais havia visto antes. Mas me sentia feliz por conseguir realizar as tarefas sem dificuldades. Antes das oficinas de orientação profissional eu me sentia desinformada e ansiosa. Depois delas, aprendi sobre profissões que podem servir para o meu futuro. De tudo que pude vivenciar, o que eu tenho certeza que vou levar como lição de vida é que controlar a respiração é fundamental para qualquer pessoa. A atividade que mais gostei foi a de andar com o espelho debaixo do queixo porque aprendi que podemos enxergar o mundo de outra maneira que não a que estamos acostumados" (A. L. C. G.).

"Gostei das oficinas desde o começo porque me sentia bem respirando e conhecendo um pouco mais de mim. Enquanto realizava as tarefas, me sentia com vontade de me conhecer cada vez um pouco mais. De tudo que aprendi, vou levar para a minha vida a certeza de que sempre podemos ver a vida de uma outra forma. O que mais gostei foi viajar para o futuro porque pude pensar nas dificuldades que vou ter para crescer na vida, mas que minhas conquistas dependem de cada etapa que vou viver" (D. F. B.).

"Eu realizava as tarefas com prazer e tirei muito proveito delas. Estou me sentindo muito feliz porque agora já sei que profissão quero exercer e o que tenho de fazer. Antes eu não tinha acesso às informações que agora tenho. Vou levar como lição de vida que nós temos de correr atrás dos nossos objetivos porque se você quer alguma coisa tem de respirar fundo e batalhar muito. A atividade de que mais gostei foi a que eu coloquei o espelho no queixo. Foi uma experiência inesquecível" (A. N. H.).

"Quando começaram as oficinas, eu me sentia disposto a enfrentar as atividades. Mas sentia responsabilidade e pressa. Antes delas eu me sentia apagado sem saber o que fazer e o que era necessário para chegar lá. Estou me sentindo abençoado. Levo, como lição de vida a importância da responsabilidade porque isso trará benefícios para mim. A atividade de que mais gostei de fazer foi a de respiração, principalmente a de respiração em três tempos porque ajuda na saúde física e mental" (J. C. F. A.).

Em outros depoimentos, percebi um maior grau de maturidade para escolhas e o claro benefício que as informações sobre profissões e cursos trouxeram.

"Fiquei alegre com este curso e realizava as tarefas porque me sentia comprometido. Eu não tinha idéia de que profissão escolher e agora já sei qual quero exercer.

De tudo que pude vivenciar vou levar para a minha vida a importância da amizade e da solidariedade. O que mais gostei de fazer foram os teatros. Eram legais e a gente trabalhava em grupos" (A. G. C.).

"Eu sentia que podia entender o que é emprego e ao realizar as tarefas eu aprendia o que é ter compromisso. Antes das oficinas, eu não tinha informações sobre profissões e agora, com todas as que eu conheci, me sinto até mais preparado para o mercado de trabalho. Vou levar como lição de vida que em primeiro lugar vem o respeito para com o próximo. Porque se eu não fosse solidário com os meus colegas eu não estaria cumprindo meu compromisso. O que mais gostei foi de falar sobre as profissões que a gente pode ter, pois eu não sabia com que tinha que arcar para chegar ao topo" (D. N.).

O sentimento de alegria e a vontade de vencer também foram manifestados:

"Enquanto participava das oficinas, eu sentia um pouco de ansiedade para saber o que iríamos fazer e se isso ia me incomodar. Com relação a escolher uma profissão, eu me sentia um pouco inseguro sobre o que fazer porque não sabia se poderia dar certo, se eu ia quebrar a cara. Depois que conheci melhor as profissões, descobri que posso exercer várias atividades com êxito. E que sempre tenho de arriscar. Levo como lição de vida a importância das outras pessoas. Eu não conseguirei atingir meus objetivos sozinho. Tendo a ajuda de outras pessoas eu poderei ir bem melhor. As atividades de que mais gostei foram as de trabalho com várias equipes diferentes. Assim pude ficar sabendo que as pessoas dos outros grupos eram boas, com qualidades e defeitos. Antes eu achava que tinha de fazer tudo sozinho" (W. C. A.).

Em todos os depoimentos – e são 28 ao todo – foi perceptível o proveito do grupo, como um todo, e para cada um, em particular. Peço aqui a atenção aos detalhes contidos nesses relatos. Em todos, é possível perceber, com relação à construção da identidade nesse período de grandes transformações que é a adolescência, o quanto ficaram patentes as demonstrações de respeito, cidadania e ética propiciadas pelos jogos, que levaram ao reconhecimento do eu e do outro.

BIBLIOGRAFIA

BOHOSLAVSKY, R. *Orientação vocacional: a estratégia clínica*. São Paulo: Martins Fontes, 1977.

CAMARGOS TORRES, M. L. Orientação profissional clínica: uma contribuição metodológica. *In*: PENNA SOARES, D. H.; LEVENFUS, R. S. *Orientação vocacional ocupacional: novos achados técnicos e instrumentais*. Porto Alegre: Artmed, 2002.

CASTANHO, G. Jogos dramáticos com adolescentes. *In*: MOTTA, J. *O jogo no psicodrama*. São Paulo: Ágora, 1995.

_____. *O adolescente e a escolha profissional*. São Paulo: Paulus, 1988.

CUKIER, R. *Palavras de J. L. Moreno*. São Paulo: Ágora, 2002.

CUSCHNIR, L. *J. L. Moreno: autobiografia*. São Paulo: Saraiva, 1997.

DAVOLI, M. A. Aquecimento: caminhos para a dramatização. *In*: ALMEIDA, W. C. *Grupos: a proposta do psicodrama*. São Paulo: Ágora, 1997.

FONSECA, J. *Psicoterapia da relação: elementos de psicodrama contemporâneo*. São Paulo: Ágora, 2000.

GONÇALVES, C. S.; WOLFF, J. R.; ALMEIDA, W. C. *Lições de psicodrama*. São Paulo: Ágora, 1988.

GUIMARÃES, L. Texto *Sobre a teoria dos papéis*. Salvador, 1998.

KEHL, M. R. A juventude como sintoma da cultura. *In*: NOVAES, R. *Juventude e sociedade: trabalho, educação, cultura e participação*. São Paulo: Fundação Perseu Abramo e Instituto Cidadania, 2004.

KNOBEL, M. *Adolescência normal*. Porto Alegre: Artes Médicas, 1981.

LEVENFUS, R. S. *et al*. *Psicodinâmica da escolha profissional*. Porto Alegre: Artes Médicas, 1997.

LEVINSKY, D. L. *Adolescência: reflexões psicanalíticas.* São Paulo: Casa do Psicólogo, 1998.

MELO, S. M. M. *Orientação educacional: do consenso ao conflito.* Campinas: Papirus, 1994.

MENEGAZZO, C. M. *et al. Dicionário de psicodrama e sociodrama.* São Paulo: Ágora, 1995.

MORENO, J. L. *Fundamentos do psicodrama.* São Paulo: Summus, 1983.

_____. *O teatro da espontaneidade.* São Paulo: Summus, 1984.

_____. *Psicodrama.* São Paulo: Cultrix, 1978.

_____. *Quem sobreviverá? Fundamentos da sociometria, psicoterapia de grupo e sociodrama.* v. I, II e III. Goiânia: Dimensão, 1992.

MORENO, Z. T.; BLOMKVIST, L. D.; RÜTZEL, T. A. *Realidade suplementar e a arte de curar.* São Paulo: Ágora, 2000.

PENNA SOARES, D. H. *et al. Orientação vocacional ocupacional: novos achados técnicos e instrumentais.* Porto Alegre: Artmed, 2002.

_____.; LISBOA, M. D. *Orientação profissional em ação.* São Paulo: Summus, 2000.

RODRIGUES, R. A. Jogo em espaço aberto. *In:* MOTTA, J. *O jogo no psicodrama.* São Paulo: Ágora, 1995.

SILVA, H. Desempenho de papéis. *In: Teoria de papéis* (apostila do curso), 1999.

SOARES-LUCCHIARIS, D. H. P. *Pensando e vivendo a orientação profissional.* São Paulo: Summus, 1993.

WEEKS, B.; RUBINI, C. *Imaginação e psicodrama.* Texto apresentado no VIII Congresso Brasileiro de Psicodrama.

WESCHSLER, M. P. F. *Psicodrama e construtivismo, uma leitura psicopedagógica.* São Paulo: Annablume, 2002.

WHITAKER, D. *Escolha da carreira e globalização.* São Paulo: Moderna, 1997.

WIKIPÉDIA, Enciclopédia Livre. Frank Parsons, captação na Internet em janeiro, 2006. www.wikipedia.org

leia também

AÇÕES EDUCATIVAS
VIVÊNCIAS COM PSICODRAMA NA PRÁTICA PEDAGÓGICA
Escolástica Fornari Puttini e Luzia Mara S. Lima (orgs.)
A busca persistente de uma forma original de ensinar, privilegiando a espontaneidade, como proposta por Moreno, é o denominador comum dos artigos desse livro. Ele é o resultado do trabalho de um grupo de educadoras que, de diferentes maneiras, aplicam o psicodrama em sua prática pedagógica.
REF. 20534   ISBN 85-7183-534-9

O AGENTE SOCIAL QUE TRANSFORMA
O SOCIODRAMA NA ORGANIZAÇÃO DE GRUPOS
Marlene Magnabosco Marra
Uma amostragem clara e objetiva do uso do sociodrama na formação de pessoas capazes de promover o regate da cidadania e dos Direitos Humanos. A autora descreve trabalhos que permitiram a boa comunicação entre conselheiros tutelares e famílias, tendo como resultado o surgimento de multiplicadores. Para profissionais das áreas de psicologia, educação, saúde e serviço social.
REF. 20885   ISBN 85-7183-885-2

JOGOS PARA EDUCAÇÃO EMPRESARIAL
JOGOS, JOGOS DRAMÁTICOS, *ROLE-PLAYING*, JOGOS DE EMPRESA
Yvette Datner
Experiente consultora de treinamento e desenvolvimento profissional, a autora é uma grande *expert* em jogos para grupos. Aqui ela reuniu 32 sugestões de atividades para a saúde relacional, grupal e organizacional. Várias delas são inéditas e foram criadas por ela própria. O livro tem caráter prático e teórico, explicando os *porquês* e os *comos* com muita clareza. Instrumento imprescindível para quem trabalha com grupos.
REF. 20003   PRELO   ISBN 85-7183-003-7

INTERVENÇÕES GRUPAIS NA EDUCAÇÃO
Heloisa Junqueira Fleury e Marlene Magnabosco Marra (orgs.)
O psicodrama permite renovar as atuações profissionais na educação, possibilitando um trabalho criativo com populações com grandes dissonâncias culturais. Também facilita a resolução de conflitos na rotina da escola, permanente desafio para educadores na difícil tarefa de intermediar alunos, professores e colegas. O livro traz exemplos e soluções de todo o Brasil, com resultados que incrementam o aprendizado e promovem cidadania.
REF. 20005   ISBN 85-7183-005-3

IMPRESSO NA
sumago gráfica editorial ltda
rua itauna, 789   vila maria
02111-031   são paulo   sp
telefax 11 **6955 5636**
sumago@terra.com.br

------- dobre aqui -----------

CARTA-RESPOSTA
NÃO É NECESSÁRIO SELAR

O SELO SERÁ PAGO POR

C AVENIDA DUQUE DE CAXIAS
1214-999 São Paulo/SP

----------- dobre aqui -----------

ORIENTAÇÃO PROFISSIONAL

CADASTRO PARA MALA-DIRETA

Recorte ou reproduza esta ficha de cadastro, envie completamente preenchida por correio ou fax, e receba informações atualizadas sobre nossos livros.

Nome: _____ Empresa: _____
Endereço: ☐ Res. ☐ Coml. _____ Bairro: _____
CEP: _____ - _____ Cidade: _____ Estado: _____ Tel.: ( ) _____
Fax: ( ) _____ E-mail: _____ Data de nascimento: _____
Profissão: _____ Professor? ☐ Sim ☐ Não Disciplina: _____

1. Você compra livros:
☐ Livrarias   ☐ Feiras
☐ Telefone   ☐ Correios
☐ Internet   ☐ Outros. Especificar: _____

4. Áreas de interesse:
☐ Psicologia   ☐ Saúde e Vivências
☐ Crescimento interior ☐ Depoimentos
☐ Astrologia   ☐ Comportamento

2. Onde você comprou este livro? _____

5. Nestas áreas, alguma sugestão para novos títulos? _____

3. Você busca informações para adquirir livros:
☐ Jornais   ☐ Amigos
☐ Revistas   ☐ Internet
☐ Professores ☐ Outros. Especificar: _____

6. Gostaria de receber o catálogo da editora? ☐ Sim ☐ Não
7. Gostaria de receber o Ágora Notícias? ☐ Sim ☐ Não

Indique um amigo que gostaria de receber a nossa mala-direta

Nome: _____ Empresa: _____
Endereço: ☐ Res. ☐ Coml. _____ Bairro: _____
CEP: _____ - _____ Cidade: _____ Estado: _____ Tel.: ( ) _____
Fax: ( ) _____ E-mail: _____ Data de nascimento: _____
Profissão: _____ Professor? ☐ Sim ☐ Não Disciplina: _____

Editora Ágora
Rua Itapicuru, 613 7° andar 05006-000 São Paulo - SP Brasil Tel.: (11) 3872-3322 Fax: (11) 3872-7476
Internet: http://www.editoraagora.com.br   e-mail: agora@editoraagora.com.br

cole aqui